MAREN SCHNEIDER

Stressfrei durch Meditation

Das MBSR-Kursbuch
nach der Methode von Jon Kabat-Zinn

O.W. BARTH

Besuchen Sie uns im Internet:
www.ow-barth.de

FSC
www.fsc.org
MIX
Papier aus verantwortungsvollen Quellen
FSC® C083411

Ein Unternehmen der Droemerschen Verlagsanstalt
Th. Knaur Nachf. GmbH & Co. KG, München

Redaktion: Ursula Richard
Umschlaggestaltung: ZERO Werbeagentur, München
Satz: Adobe InDesign im Verlag
Druck und Bindung: CPI books GmbH, Leck
Printed in Germany
ISBN 978-3-426-29206-8

4 5

Inhalt

Einleitung

Vor gut dreißig Jahren entwickelten in den USA die Professoren Jon Kabat-Zinn und Saki Santorelli mit Kollegen aus dem klinischen Alltag ein achtwöchiges Stressbewältigungs-Programm *mindfulness-based stress reduction* (abgekürzt MBSR), zu Deutsch: *Stressbewältigung durch Achtsamkeit,* das auf der Schulung von Achtsamkeit, Meditation und Yoga basiert. Dieses Programm wurde speziell für Patienten entwickelt, die unter starker Belastung stehen, unter Schmerzen oder schweren chronischen Erkrankungen leiden, sowie für Menschen, die Stress (beruflich und/oder privat) oder gar einen Burnout erleben.

MBSR bietet ein systematisches, alltagsbezogenes Training und beinhaltet eine Reihe formaler wie informeller Übungen. Sie zielen darauf ab, dass die Teilnehmenden

- wieder mit sich selbst in Kontakt kommen.
- mehr Bewusstheit, emotionale Stabilität, Konzentration und Präsenz entwickeln.
- die Ursachen von Belastungen, ihre persönlichen Stress-Reaktionsmuster und -Symptome erkennen und sich die nötigen Fähigkeiten aneignen, mit den vielfältigen und oft nicht vorhersehbaren Herausforderungen des Lebens angemessen umzugehen.
- neue Perspektiven, Erkenntnisse, Wege und Handlungsalternativen entdecken, die es ihnen ermöglichen, ihr Leben langfristig zufriedener, gesünder, entspannter und sinnerfüllter zu gestalten.

Hauptsächlich richtet sich das MBSR-Programm an Menschen, die Belastungen, Stress und Erschöpfung erleben und darunter leiden. Dabei ist es ganz gleich, ob diese sich entwickelt haben aufgrund

- hoher Arbeitsbelastung, Doppel- und Mehrfachbelastungen, Arbeitsplatzverlust oder Langzeit-Arbeitslosigkeit,

- familiärer Probleme, Beziehungsschwierigkeiten, Trennungen,
- chronischer Schmerzen oder einer schweren, vielleicht langwierigen oder gar tödlichen Erkrankung.

MBSR ist ein sehr strukturiertes Programm und unterstützt dabei, das eigene Leben heilsam zu gestalten und erprobte Methoden der Selbsterforschung zu erlernen. Es bietet sich auch als Ergänzung zu einer psychotherapeutischen oder medizinischen Behandlung an und wird zunehmend bei psychosomatischen Erkrankungen wie Tinnitus, Herz-Kreislauf-Problemen, Schlaf- sowie Magen-Darm-Störungen, Angst und nervösen Unruhezuständen begleitend eingesetzt.

Das Programm ist in den letzten dreißig Jahren bestens erforscht worden, und etliche wissenschaftliche Studien bestätigen seine erstaunlich breite Anwendbarkeit und große Effektivität[1]. MBSR wird in den USA nunmehr seit vielen Jahren in zahlreichen Kliniken und Gesundheitszentren eingesetzt. Mittlerweile erfreut es sich auch in Deutschland, Österreich und der Schweiz wachsender Beliebtheit und wird im klinischen Rahmen z. B. in Krankenhäusern, Kur- und Rehakliniken, aber auch in Bildungseinrichtungen, Gesundheits- und Management-Trainings, Coachings und Psychotherapien angewendet.

Das MBSR-Programm beinhaltet
- eine intensive Schulung der eigenen Achtsamkeit, Präsenz und Selbstwahrnehmung Moment für Moment durch formale Achtsamkeitsübungen wie Body-Scan, Meditation und Yoga sowie durch Übungen im Alltag, die unter anderem die Selbstbeobachtung stärken.
- die Vermittlung von Wissen über Stress zur Bewusstwerdung persönlicher Stressmuster sowie Anregungen und Reflexionen zur Entwicklung eines heilsamen Umgangs mit Stress/Belastungen.

- das Erlernen eines konstruktiven Umgangs mit schwierigen Emotionen.
- Anregungen und Reflexionen zu einem heilsamen und förderlichen Kommunikationsverhalten.
- die Entwicklung einer verantwortungsvollen, bewussten, fürsorglichen und gesundheitsfördernden inneren Haltung und Lebensführung.
- Anleitungen zur Gestaltung der konkreten Übungspraxis und deren Integration in den Alltag.

Ursprung

Das Konzept der Achtsamkeit ist ursprünglich im Rahmen des Buddhismus entstanden und entwickelt worden. Bei MBSR geht es aber nicht um religiöse oder spirituelle Inhalte. Achtsamkeit wird hier vor einem wissenschaftlich begründbaren Hintergrund als ein Übungsprogramm vermittelt, das seine Effektivität aufgrund der persönlichen täglichen Übungspraxis entfaltet.

Werkzeuge

Die Kernübungen oder auch die Werkzeuge des Programms sind die sogenannten *formalen* Übungen wie Atemmeditation, Achtsamkeits-Yoga und eine Körpermeditation, genannt *Body-Scan*. Diese Übungen werden durch *informelle* Übungen für den Alltag ergänzt wie Selbstbeobachtung oder achtsam durchzuführende konkrete Tätigkeiten. Durch diese Kombination trainieren die Teilnehmenden ihre geistigen Fähigkeiten, unabgelenkt präsent im Hier und Jetzt zu verweilen, Stressprozesse zu erkennen, Körpersignale als Stress- und Stimmungsbarometer wahrzunehmen, eingefahrene Autopilot-Reaktionsmuster aufzugeben und schließlich aus einer bewussten inneren Haltung heraus das eigene Leben zu gestalten. Darüber hinaus werden auch ergänzend zur Übungspraxis theoretische Inhalte vermittelt.

Wozu ein Training?

Das Zusammenspiel der formalen und informellen Übungen vergleiche ich gerne mit einem Konditionstraining: Will ich meine Alltagskondition verbessern, kann ich damit beginnen, mehr zu Fuß zu gehen und die Treppen statt den Aufzug zu nutzen. Das mag zu leichten Verbesserungen führen. Doch bin ich konditionell gänzlich untrainiert, kann es sein, dass ich das Treppensteigen schnell wieder aufgebe, da ich es als sehr anstrengend empfinde und doch lieber den Fahrstuhl nehme, um nicht vollkommen verschwitzt und außer Atem zum nächsten Termin zu kommen. Beginne ich allerdings mit einem regelmäßigen Walking- oder Jogging-Training, werde ich schnell merken, dass es mir nach einiger Zeit wesentlich leichter fällt, auch zwischendurch mal schnell die Treppe zu nehmen statt den Aufzug. Das formale Training, für das ich mir Zeit einräume, unterstützt und erleichtert das informelle Training im Alltag und umgekehrt.

Genauso verhält es sich mit dem Training der Achtsamkeit. Das formale Training auf Ihrer Yogamatte oder Ihrem Meditationskissen lässt Ihr Gehirn neue Achtsamkeits-Verknüpfungen bilden, auf die Sie auch in Ihren Alltagstätigkeiten zurückgreifen können und die es Ihnen erleichtern, die Achtsamkeit bei den alltäglichen Herausforderungen aufrechtzuhalten. Dies kommt dann wieder Ihrer Übungspraxis auf dem Kissen oder der Matte zugute, da Sie Ihre Achtsamkeit durch das »Alltagstraining« ebenfalls stärken. So entsteht eine geschmeidige »Gebrauchs-Achtsamkeit«, mit der Sie sich in allen Alltagssituationen vertraut machen können und die daraufhin auch in schwierigen Momenten bestens einsatzfähig ist.

Beide Bereiche, die formale und die informelle Praxis, haben ihren Sinn und ihre Bewandtnis und lassen Sie die Fähigkeit erlangen, besser mit den Katastrophen des Lebens umzugehen. Der Originaltitel des Buches *Gesund durch Meditation,* in dem Jon Kabat-Zinn das MBSR-Programm vorstellt, heißt: *Full Catastrophe Living* – Leben mit der vollen Katastrophe. Es ist also ein Programm, das keine paradiesischen Zustände anstrebt oder die Welt rosa anstreicht, sondern eines, das uns lehrt, mit dem zu sein, was ist, auch wenn das in unserem Leben zeitweilig Schmerz und Schwierigkeiten sind. Diese Praxis kann uns durch Stress und Krankheit, ja sogar bis in den Tod begleiten und uns unter Umständen auch den Sterbeprozess leichter durchstehen lassen.

Für wen ist dieses Buch gedacht?

Gedacht ist dieses Buch für all diejenigen, die gerne das MBSR-Programm absolvieren wollen, jedoch, aus welchen Gründen auch immer, nicht in der Lage sind, an einem Gruppenkurs, einem Kompakt-Seminar oder an einer individuellen Einzelarbeit mit einem Lehrer, einer Lehrerin teilzunehmen. Vielleicht ist das bei Ihnen der Fall, weil

- Sie in einer Gegend leben, wo es (noch) kein entsprechendes Angebot gibt, und Sie nicht in der Lage sind, weit zu fahren.
- Ihr Gesundheitszustand oder Ihre persönlichen Umstände es Ihnen nicht erlauben, das Haus zu verlassen.
- Sie für diese Zeit keine Betreuung für Ihre kleinen Kinder oder einen zu pflegenden Angehörigen haben.
- Ihre finanzielle Situation so angespannt ist, dass Sie kein Geld für einen Kurs oder eine Einzelarbeit erübrigen können.
- Sie sich für die Teilnahme an einem MBSR-Kurs, Kompakt-Seminar oder einer individuellen Einzelarbeit interessieren und sich gerne vorher über die Abläufe und Inhalte des Programms informieren möchten.

Geeignet ist eine Durchführung des Kurses mit diesem Buch für Sie, wenn

- es Ihnen leichtfällt, sich Neues durch Selbststudium anzueignen.
- Sie über ein hohes Maß an Disziplin verfügen.
- Sie sich immer wieder selbst motivieren können.

- Ihnen der gesellschaftliche Rahmen und der Austausch mit anderen Gruppenteilnehmern nicht so wichtig ist und
- wenn Sie sich zwar gestresst, belastet und unruhig fühlen, aber ansonsten psychisch stabil sind, Ihr tägliches Leben meistern können und Sie frei von einer akuten Depression, einer Psychose oder schweren Angststörung sind.

Über dieses Buch

Dieses Buch bietet Ihnen einen 8-Wochen-Kurs für zu Hause und beinhaltet die Unterrichtsinhalte und Materialien des MBSR-Gruppenkurses, so wie ich ihn unterrichte. Es ist so angelegt, dass Sie den Kurs damit selbständig Woche für Woche absolvieren können.

Ich möchte an dieser Stelle jedoch deutlich machen, dass es sich nicht um das »Originalprogramm« von Jon Kabat-Zinn handelt, denn ich bin nicht Jon Kabat-Zinn. Die Inhalte sind geprägt von meinen Erfahrungen als Mensch, als MBSR-Lehrerin, als Übende und als Therapeutin. Dieses Buch folgt dem Kurs-Curriculum von Jon Kabat-Zinn. Es fließen aber auch Elemente ein, die mir in meiner Ausbildung zur MBSR-Lehrerin bei Dr. Linda Lehrhaupt vermittelt wurden. Außerdem habe ich mir die Freiheit herausgenommen, mir sinnvoll erscheinende Ergänzungen aufzunehmen wie die »Atemraumpraxis« aus dem mit MBSR verwandten MBCT-Programm *(mindfulness-based cognitive therapy, Achtsamkeitsbasierte Kognitive Therapie)*.

Wenn Sie *Gesund durch Meditation* gelesen haben, werden Sie in diesem Buch durchaus Bekanntem begegnen. Es gibt Ähnlichkeiten, ebenso aber auch andere Perspektiven, andere Anregungen als die, die Ihnen durch die Lektüre von Jon Kabat-Zinns Buch bereits vertraut sind. MBSR ist ein lebendiger Prozess und erhält sein Gesicht durch die Menschen, die es anwenden.

MBSR basiert zum großen Teil auf der gut zweieinhalb Jahrtausende alten buddhistischen Tradition. Es ist also sehr altes

Gedankengut, auf das seine Entwickler zurückgegriffen haben und auf das auch ich mich beziehe. Das Rad kann nicht neu erfunden werden. Doch keine Sorge. Dieses Gedankengut ist an die heutige Zeit angepasst, vollkommen entmystifiziert und durch neueste Hirnforschungen wissenschaftlich gut untermauert. Sie erwartet also ein pragmatisches, modernes, neurowissenschaftlich überprüfbares Übungsprogramm, frei von religiösen Inhalten und ohne einen Hauch von Räucherstäbchen-Ambiente. Sie brauchen keine Buddha-Statue, keine spezielle Kleidung, und Sie müssen sich auch nicht besonders heilig fühlen. Auch wenn der Ursprung der Achtsamkeit im Buddhismus liegt, so ist sie doch frei von jedweder konfessionellen Ausrichtung und ohne jeden religiösen Kontext praktizierbar. Meine Erfahrungen mit Teilnehmenden meiner MBSR-Kurse aus den unterschiedlichsten Konfessionen oder auch ohne religiösen oder spirituellen Hintergrund haben gezeigt, dass die Praxis der Achtsamkeit eine eigene individuelle Spiritualität fördern und vertiefen kann. Viele Menschen verspüren heute den tiefen Wunsch nach einer spirituellen Dimension in ihrem Leben und finden in der Achtsamkeit einen Weg zu einer neuen, freien Spiritualität jenseits festgefügter Dogmen und eines religiösen Überbaus – alltagsnah, nachprüfbar, authentisch. Ich halte mich in der Vermittlung dieses Übungsweges an die Lehrhaltung des Buddha: »Probieren Sie das Gesagte aus, prüfen Sie es durch Ihre eigene Praxis, und wenn Sie es für Ihr Leben als heilsam befinden, übernehmen Sie es.«

Einladung zur Offenheit

Wenn Sie sich entschieden haben, dieses Programm zu machen, und Sie vielleicht auch schon einiges darüber wissen, wie es in etwa abläuft und wie es wirken kann, möchte ich Sie einladen, sich diesem Programm, welche Vorkenntnisse und Vorbehalte Sie auch immer haben, in Offenheit zuzuwenden und zumindest für acht Wochen alles zu vergessen, was Sie bisher über Psychotherapie, Stressbewältigung oder Entspannungsmethoden gehört oder selbst erfahren haben. Ebenso möchte ich Sie bitten, zunächst einmal all Ihre Wünsche und Vorstellungen, was dieses Programm Ihnen bringen soll, wie auch Ihr Vergleichen und Bewerten beiseitezulassen. Warum?

Wir Menschen neigen dazu, Unbekanntes in unsere bekannten Schubladen einzusortieren, damit wir uns sicherer fühlen. Doch darüber verpassen wir, das wahrzunehmen, was wirklich geschieht. Vielleicht haben Sie schon eine oder mehrere Psychotherapien gemacht, haben viel mit Freundinnen über Ihr Leben diskutiert, sich oft die »Warum?«-Frage gestellt und bis tief in die Nacht mit Ihrem Lebenspartner immer und immer wieder die gleichen schmerzhaften Themen gewälzt. Zum Ausgleich besuchten Sie Yoga- oder Entspannungskurse. Vielleicht hat Ihnen eine Freundin von diesem MBSR-Programm erzählt, oder Sie lasen einen Artikel in einer Zeitschrift. Und so beginnen Sie möglicherweise, die Beschreibungen des Kurses in Ihre Erfahrungs-Schubladen von Psychotherapie, Warum-Fragen-Lebensanalyse, Yoga- oder Entspannungskurs einzusortieren. Genau so vergleichen manche Menschen thailändisches Essen mit chinesischem. Das ist normal, gaukelt aber nur Sicherheit und Kennertum vor und hilft nicht weiter. Was Ihnen wirklich weiterhilft, sind Neugier und Offenheit für das, was in einem solchen Prozess passiert, wenn Sie sich darauf einlassen. Wie Ihnen dieses MBSR-Programm »schmeckt«, das können Sie nur selbst herausfinden. Dazu sollten Sie sich der Übungspraxis aber über den gesamten vorgesehenen Kurszeitraum hinweg widmen. Bei diesem ganz persönlichen Abenteuer begleite ich Sie gerne mit diesem Buch.

Dies sollten Sie unbedingt wissen

Sollten Sie akut unter einer Depression leiden oder schon einmal eine psychotische Phase erlebt haben, ist dieses Programm im Alleingang für Sie nicht geeignet, da sich die Symptomatik unter Umständen verschlimmern oder gar ein erneuter psychotischer Schub ausgelöst werden kann. Befinden Sie sich aktuell in ärztlicher oder psychotherapeutischer Behandlung, sollten Sie abklären, ob dieses Programm für Sie im Augenblick sinnvoll ist. Wenn Ihr Psychotherapeut einverstanden ist, können Sie diesen Kurs beispielsweise mit ihm zusammen durchführen und in den Sitzungen besprechen.

Grundsätzlich ersetzt der Kurs mit diesem Buch nicht die Behandlung eines Arztes, Heilpraktikers bzw. Psychotherapeuten. Bitte lassen Sie alle körperlichen und psychischen Symptome professionell abklären. Stressempfindungen oder Stimmungsveränderungen können immer auch Hinweis auf eine Erkrankung sein, die der medizinischen Behandlung bedarf. Behalten Sie verschriebene Medikationen bei. Reduzieren Sie Medikamente bitte nur nach Rücksprache mit Ihrem Arzt/Heilpraktiker.

Sollten Sie sich gerade in einer Lebensphase befinden, in der Sie sich keinerlei Freiraum für die Übungen schaffen können und mit den Widrigkeiten Ihres Lebens so sehr kämpfen müssen, dass Sie den Kopf für die Beschäftigung mit der Achtsamkeit nicht frei haben, mag es sinnvoller sein, die Durchführung des Programms auf einen späteren Zeitpunkt zu verschieben. Denn auch dieser Kurs kann manchmal anstrengend sein. Trotzdem möchte ich Sie ermutigen, das eine oder andere, vielleicht eine kleine Meditation oder den »Atemraum« (dauert nur drei Minuten), auszuprobieren und auf diese stark abgespeckte Art anzufangen. Selbst wenn Sie nur eine Minute pro Tag für die Praxis erübrigen können, ist das ein Anfang und kann Ihnen helfen, sich zu stabilisieren.

Im Rahmen dieses Kurses mag es durchaus zu einer »Erstverschlimmerung« der Symptomatik kommen. Dies kann verschiedene Ursachen haben wie übertriebener Übungs-Ehrgeiz oder der dringende Wunsch nach schneller Heilung oder aber auch schlicht das Bewusstwerden des tatsächlichen Erschöpfungszustands Ihres Körpers und Geistes. Achtsamkeit schaut hin und nicht weg. Sie untergräbt damit eines der beliebtesten und häufigsten Phänomene unserer Leistungsgesellschaft: die Verdrängung. Plötzlich erleben Sie bleischwere Müdigkeit oder Schmerzen oder erfahren sich in der Meditation als total zappelig statt ruhig und ausgeglichen. Lassen Sie sich davon nicht erschrecken, machen Sie weiter. Erkennen Sie sich und Ihre Erschöpfung an, und erlauben Sie es sich, müde zu sein. Vielleicht bemerken Sie plötzlich, wie unerbittlich Sie sich durch das Programm und genauso auch durch Ihr Leben jagen, welche harten Worte Sie sich selbst gegenüber wählen. Zwingen Sie sich zu nichts. Pflegen Sie vielmehr Ihr Gemüt mit dem Body-Scan, warm eingekuschelt in eine flauschige Decke. Bleiben Sie liebevoll und geduldig mit sich sitzen, auch wenn Sie am liebsten vom Meditationskissen aufspringen würden, und halten Sie Ihre Hand, so wie Sie einem guten Freund, Ihrer Geliebten oder Ihrem aufgeregten Kind die Hand halten würden. Bleiben Sie bei sich, aufmerksam, still, neugierig und freundlich, denn genau jetzt brauchen Sie sich am meisten. Die Unruhe, die Hetze und der Zorn auf sich selbst werden vergehen, das Leiden an den Schmerzen wird sich verringern. Alles, was Sie brauchen, ist Zeit und liebevolle Geduld mit sich selbst, und diese werden Sie im Laufe dieses Prozesses entwickeln.

Gebrauchsanleitung

Das Programm wird sich Ihnen kapitelweise erschließen. Bitte lesen Sie pro Woche jeweils nur ein Kapitel und führen Sie die angegebenen Übungen an sechs Tagen der jeweiligen Übungswoche durch. Ein Tag in der Woche, ganz gleich welcher, ist übungsfrei. Sollten Sie im Laufe der Zeit aber feststellen, dass Sie gerne täglich üben möchten, so ist auch das vollkommen in Ordnung und wird gegen Ende des Kurses auch durchaus angeregt. Da die wöchentlichen Einheiten aufeinander aufbauen, ist das Buch zum Querlesen ungeeignet. Der theoretische Teil wird immer von praktischen Übungen, die sich größtenteils auch auf den CDs befinden, ergänzt. Dies ermöglicht Ihnen ein begleitetes, sicheres Üben. Für jede Woche wissen Sie anhand alltagsbezogener Erläuterungen und eines Übungsplans, was Sie in Ihrem Alltag umsetzen, üben und integrieren können. Anhand von Fragen zu Beginn des darauffolgenden Kapitels können Sie Ihre Erfahrungen der zurückliegenden Übungswoche reflektieren. Ebenso werden mögliche Schwierigkeiten, die in den einzelnen Wochen erfahrungsgemäß auftreten, thematisiert, gefolgt von Anregungen und Empfehlungen im Umgang mit ihnen.

Legen Sie sich ein Notizbuch zu, in dem Sie Ihre Erfahrungen und Reflexionen niederschreiben. Das Schreiben ermöglicht einen klareren Prozess und hilft Ihnen, das, was Sie erfahren, leichter und bewusster zu reflektieren, als bewegten Sie es nur in Gedanken. Außerdem können Sie auf diese Weise Ihren Prozess besser verfolgen.

Dieses Programm ist auf acht Wochen angelegt. Sie können sich allerdings auch mehr Zeit lassen, wenn Ihnen das Tempo zu schnell ist. Weniger Zeit für dieses Programm einzuplanen oder es gar in einer Woche absolvieren zu wollen wird sehr wahrscheinlich keine großen Früchte tragen, es könnte Ihnen höchstens einen ersten Geschmack der Thematik vermitteln. Die Dauer des Programms hat mit unseren neurologischen Prozessen zu tun und ist an ihnen orientiert. Eine neue Gewohnheit zu schaffen braucht drei Monate kontinuierlichen Trainings; erst dann haben sich die neuen Verknüpfungen in unserem Gehirn ausreichend stabilisiert, so dass man von einer neuen Gewohnheit sprechen kann. Darum reicht es auch nicht, die Kapitel jeweils nur zu lesen und intellektuell zu verstehen. Achtsamkeit ist eine praktische Fähigkeit wie Fahrradfahren, die sich nur über die regelmäßige eigene Übungspraxis, durch praktisches Training entwickelt. Ähnlich wie die Fähigkeit, zu schreiben, zu tanzen oder Auto zu fahren, die sich auch nur durch Ausprobieren und kontinuierliche Übung bildet.

Für die Durchführung der Übungen brauchen Sie 45 bis 60 Minuten pro Übungstag Zeit. Diese Zeit muss jedoch nicht an einem Stück genommen werden; die jeweiligen Übungseinheiten können Sie über den Tag hinweg verteilen (Weiteres dazu in den jeweiligen Kapiteln). Da die Kapitel und die Themen aufeinander aufbauen, ist es notwendig, die einzelnen Wochenkapitel nacheinander durchzuarbeiten und sich mindestens eine Woche Zeit für die jeweiligen Übungen zu geben. So wachsen Sie in die Praxis hinein, und das Pensum sowie der Schwierigkeitsgrad erhöhen sich mit der Zeit, ohne Sie zu überfordern. Sollten Sie aktuell aufgrund starker körperlicher Einschränkungen nicht in der Lage sein, Yoga zu praktizieren, üben Sie stattdessen den Body-Scan. Sie können gerne auch damit experimentieren, sich die Yoga-Übungen anzuhören und die Bewegungen nur im Geiste nachzuvollziehen, während Ihr Körper weiterhin ruhig daliegt.

Die Gestaltung des Übungsplatzes

Für die Durchführung der Übungen wie Yoga, Meditation und Body-Scan brauchen Sie lediglich eine Yogamatte und ein Meditationskissen, -stuhl oder -bänkchen sowie ein kleines Kopfkissen und eine Decke für Ihre Behaglichkeit. Zusätzlich werden Sie eine Uhr oder einen Timer brauchen, um die Dauer der Meditation einstellen zu können, denn das Zeitgefühl verändert sich während der Meditation. Richten Sie sich Ihren Übungsplatz an einem Ort ein, an dem Sie sich wohl und sicher fühlen, die Tür schließen können und möglichst nicht gestört werden. Sie erleichtern sich die tägliche Übung, indem Sie diesen Platz fest installieren und Ihr Meditationskissen jeden Tag bereits dort auf Sie wartet. Sie werden merken, dass dieser Platz für Sie mit der Zeit zu *Ihrem* Platz wird, mit dem Sie Ruhe und Zentriertheit verbinden. Dies wird es Ihnen noch mehr erleichtern, sich auf die Übung einzulassen und Fortschritte in der Praxis zu machen.

Wöchentliche Kurszeit

Nehmen Sie sich für die kommenden acht Wochen einmal pro Woche für die neue Kurseinheit Zeit (möglichst immer am gleichen Tag zur selben Zeit), um das neue Kapitel der nun anstehenden Wocheneinheit durchzuarbeiten. In einem regulären Kurs dauert das für gewöhnlich zweieinhalb bis drei Stunden. Diese Zeit sollten Sie realistischerweise auch für Ihre Arbeit mit diesem Buch einplanen. In dieser Zeit werden Sie, je nach Wochenstoff, praktisch üben, lesen und sich mit Fragen auseinandersetzen. Da Lesetempo und Verständnis von Person zu Person unterschiedlich sind, sollten Sie sich nicht unter Druck setzen. Überfliegen Sie das Kapitel zu Beginn und üben Sie auf jeden Fall die angegebenen praktischen Übungen in Ihrer Kurszeit. Sie können dann das Kapitel über die Woche verteilt genauer lesen und durcharbeiten. Üben Sie zusätzlich dazu die für die jeweilige Woche relevanten Hausaufgaben.

Zum Kurs gehört auch ein Tag der Stille. Er wird nach der sechsten Kurseinheit durchgeführt. Planen Sie diesen Tag so ein, dass Sie ihn störungsfrei, ohne familiäre, partnerschaftliche, berufliche oder gesellschaftliche Verpflichtungen verbringen können. Sollte dies bei Ihnen zu Hause nicht möglich sein, nutzen Sie als Ausweichmöglichkeit die Wohnung eines verreisten Freundes, einer Freundin, nehmen Sie sich ein Hotelzimmer oder mieten Sie sich in einem Kloster oder Retreat-Zentrum ein.

Wöchentliche Übungszeiten

Es gibt keine festgelegten Übungszeiten. Experimentieren Sie ruhig und finden Sie Ihre optimalen Zeiten. Wie oben bereits erwähnt, können Sie sich die Übungszeit aufteilen. Viele Teilnehmende meiner MBSR-Kurse beginnen den Morgen beispielsweise mit der Atem-Meditation (10–20 Minuten) und üben am Abend entweder Yoga oder Body-Scan (ca. 30–45 Minuten). So haben Sie das Gefühl, Ihren Tag in Achtsamkeit einzubetten, und die Praxiszeit passt leichter in den Tagesablauf.

Andere sind am Abend zu müde und haben sich entschieden, morgens zu praktizieren. Manche stehen dafür extra eine Stunde früher auf. Auch wenn dies am Anfang den einen oder die andere Überwindung gekostet hat, tun es die meisten mit der Zeit sogar gerne, da diese Stunde für sie zu einer ganz besonderen geworden ist – zu ihrer Stunde, die sie nicht mehr missen möchten. Experimentieren Sie einfach, und schauen Sie, wie Sie am liebsten üben möchten. Es ist Ihr Tag, es ist Ihr Leben und Ihre Übungspraxis. Eine kleine Empfehlung möchte ich Ihnen jedoch schon vorab geben: Die Zeit für die Übungspraxis wird erfahrungsgemäß nicht einfach da sein (außer Sie haben gerade ein vollkommen ruhiges Leben mit viel Zeit, aber dann würden Sie wohl kaum dieses Buch lesen). Von daher sollten Sie im Vorfeld Ihre Praxiszeiten in Ihrem Tagesablauf fest einplanen. Schreiben Sie sich die Zeiten in Ihren Kalender und planen Sie alles andere darum herum. Dann haben Sie diese Zeit. Dieser Termin ist genauso wichtig wie das Meeting mit Ihrem obersten Chef (denn genau der oder die sind Sie in Ihrem Leben).

Womit Sie rechnen sollten

Auch wenn Sie in den Übungen manchmal sehr entspannt sein werden, so ist Achtsamkeit doch keine Entspannungstechnik und kann, gerade in der Anfangszeit, sehr anstrengend sein. Sie werden vielleicht merken, dass Sie sehr schnell abschweifen, ungewollt einschlafen und sich nicht in dem Maße auf die Übungen konzentrieren können, wie Sie es sich vorgestellt haben. Außerdem kann es sein, dass Sie durch die Achtsamkeit immer mehr erkennen, wie viele Gedanken permanent durch Ihr Oberstübchen jagen und was in Ihrem Leben nicht nach Ihren Vorstellungen läuft (dass Sie aber noch nicht über genügend Achtsamkeits-Übungspraxis verfügen, um damit angemessen umzugehen). Das kann sehr frustrierend sein. Halten Sie durch! Es wird leichter werden. Geben Sie sich (kontinuierliche Übung vorausgesetzt) mindestens acht Wochen Zeit. Betrachten Sie diese acht Wochen als ein Experiment, bei dem Sie die Achtsamkeit ausprobieren, üben, anwenden und schließlich immer mehr in Ihr Leben integrieren. Sie brauchen die Übungen dabei noch nicht einmal zu mögen. Um Jon Kabat-Zinn zu zitieren: »*Just do it!*« – machen Sie es einfach! Ob Sie heute Lust haben zu üben oder nicht – üben Sie! In den seltensten Fällen haben wir Lust zu üben, wenn wir total gestresst sind, sondern würden uns viel lieber auf die Couch legen. Wenn Sie erst mit Ihrem inneren Schweinehund eine Diskussion beginnen, ob Sie jetzt üben sollten oder nicht, haben Sie schon verloren. Fangen Sie einfach an, ohne darüber nachzudenken, ob Sie jetzt Yoga üben sollen oder nicht. Machen Sie die Übungen, auch wenn es Sie etwas Überwindung kostet. Das, was uns am meisten Kraft und Zeit kostet, ist das Darüber-Nachdenken, ob wir jetzt üben oder nicht. Das können Sie sich sparen. Üben Sie einfach. Sie können sich danach immer noch auf die Couch legen. Ja, Sie vermuten richtig: Ohne ein Quentchen Disziplin geht es nicht. Allerdings handelt es sich hier um eine sanfte, heilsame Form der Disziplin, die nichts mit der Disziplin zu tun hat, an die Sie sich vielleicht noch traumatisiert aus der Schule oder aus dem Leistungssport her erinnern. Sie üben nicht für eine Meisterschaft, für Ihre Eltern oder für Ihren Schulabschluss. Sie üben für sich selbst. Sie schenken sich bedingungslose Zeit und Aufmerksamkeit. Alles, was Sie in diesem Programm machen, machen Sie nur für sich selbst. Was Sie dabei unterstützen wird, sind die vielen kleinen und großen heilsamen Erfahrungen, die Sie im Laufe der Zeit mit der Praxis erleben werden.

Lassen Sie es langsam angehen

In diesen acht Wochen muss sich nichts verändern, Sie brauchen keine Lösungen zu finden und müssen auch Ihr Leben nicht umkrempeln. Lassen Sie es langsam angehen. Achtsamkeit entfaltet sich für jeden Menschen in seinem eigenen natürlichen Tempo, und das ist wirklich für jeden ein anderes. Auf die häufig gestellte Frage, wie lange es denn dauert, bis man achtsam sei, meditieren könne oder die eigenen Anliegen geregelt bekomme, kann ich nur eine meiner Lehrerinnen zitieren: »Es dauert so lange, wie es eben dauert«, und Sie haben Ihr ganzes restliches Leben Zeit dafür. Achtsamkeit ist, realistisch betrachtet, ein Lebensprojekt und nicht in acht Wochen erledigt. Aber eines kann ich mit Sicherheit sagen: Es wird sich etwas in Ihrem Leben verändern, wenn Sie sich voll und ganz der Praxis widmen. Bisher hat noch niemand einen MBSR-Kurs bei mir absolviert, bei dem die Achtsamkeit nicht etwas (meistens war es ganz schön viel!) verändert und nachhaltig das Leben geprägt hat. Wie sich das bei Ihnen entwickeln wird und auf welche Art und Weise sich die Veränderungen in Ihrem Leben zeigen werden, das ist Ihr ganz persönlicher Prozess, Ihr ganz persönliches Abenteuer Leben.

Ich wünsche Ihnen von ganzem Herzen viel Freude dabei. Und sollten Sie einmal wirklich nicht weiterkommen, dann freue ich mich darauf, von Ihnen zu hören oder zu lesen.

Ihre Maren Schneider

DER KURS

WOCHE 1

Mit der Achtsamkeit vertraut werden

Herzlich willkommen in Ihrem MBSR-Kurs! Es freut mich sehr, dass Sie sich auf das Experiment Achtsamkeit in Ihrem Leben einlassen wollen. Wie geht es Ihnen gerade? Sind Sie gestresst oder entspannt, erschöpft oder kraftvoll, müde oder wach? Erlauben Sie sich, einen kleinen Moment innezuhalten, in sich hineinzuhorchen und wahrzunehmen, was gerade in Ihnen vorgeht und wie Sie sich fühlen. Welche Gedanken sind gerade da, welche körperlichen Symptome, in welcher Stimmung oder Gefühlslage sind Sie gerade? Schließen Sie ruhig kurz die Augen, wenn Sie sich so leichter konzentrieren können.

Was konnten Sie wahrnehmen? Vielleicht, dass ziemlich viele Gedanken da waren, die sich kaum präzise greifen ließen? Oder auch, wie schmerzhaft verspannt Ihre Schultermuskeln sind und Sie vom heutigen Tag ganz schön genervt sind? Prima! Dies ist eine erste bewusste Bestandsaufnahme Ihrer Befindlichkeit und so der erste Schritt in Richtung achtsamkeitsbasierter Stressbewältigung. Doch was ist überhaupt Achtsamkeit? Was ist damit gemeint?

Was ist Achtsamkeit?

Viele verbinden mit Achtsamkeit so etwas wie: aufpassen, dass bloß nichts Schlimmes passiert; darauf achten, dass man nichts aus Versehen umrennt, man sich nicht stößt oder etwas übersieht. Achtsamkeit wird also meistens mit »Achtung! Aufpassen!« assoziiert. Im Prinzip ist das nicht ganz verkehrt, denn es geht darum, mehr mitzubekommen, also bewusst und wach zu sein. Doch Achtsamkeit ist noch viel mehr:

- Achtsamkeit ist die grundlegende menschliche Qualität, mit allen Sinnen und im Vollbesitz unserer geistigen Fähigkeiten präsent zu sein – voll und ganz bei etwas zu bleiben und sich nicht von den Gegebenheiten davonreißen zu lassen.
- Sie ermöglicht uns, das, was geschieht, in einem größeren Zusammenhang zu sehen, aus dem Kreislauf des Leidens auszusteigen, Weisheit zu entwickeln und innerlich wie äußerlich mit größerer Intensität mit unserem Leben verbunden zu sein.
- Die Praxis der Achtsamkeit lässt uns Qualitäten von geistiger Klarheit, Einsicht und tiefem Verstehen der Phänomene entfalten.
- Durch Achtsamkeit vermögen wir auf eine experimentelle und undogmatische Art und Weise herauszufinden, wie wir auf bestmögliche Weise für uns und unsere Gesundheit sorgen können, indem wir das Zusammenspiel von Körper und Geist erforschen.
- Dadurch gewinnen wir Erkenntnisse über uns und den Zusammenhang zwischen unserem Denken, Fühlen und Handeln und werden daraufhin unser Leben und Erleben bewusster gestalten können.

So entwickeln wir unsere Selbstheilungskräfte und finden zu unserer Ganzheit zurück.

Mit allen Sinnen wach sein

Achtsamkeit ist eine sehr sinnliche Sache, denn sie bedeutet nichts anderes, als mit allen Sinnen ganz wach und präsent zu sein. Die Sinne sind unsere Tore zur Welt. Durch die Sinne nehmen wir unsere Umwelt und auch das, was in uns geschieht, wahr. Schließen Sie die Augen, haben Sie einen Sinn weniger in Gebrauch. Sie können dann diese Zeilen nicht mehr lesen, Ihr Zimmer nicht mehr betrachten und somit keine

Informationen über die Augen aufnehmen. Damit ist ein Sinnestor geschlossen.

Die Schulung der Achtsamkeit ist unter anderem eine Schulung unserer Sinne, unserer Wahrnehmungskanäle, wodurch wir wieder lernen, mit uns und dem Leben in unverfälschten, unmittelbaren Kontakt zu kommen und diesen Kontakt zu halten, wie auch immer das Leben sich gestaltet. »Warum sollte ich das tun?«, mögen Sie sich fragen. »Leiden wir nicht alle unter Reizüberflutung, und fühlen wir uns dadurch nicht schon total gestresst? Wäre es nicht viel hilfreicher, unsere Sinne auszuschalten und abstumpfen zu lassen, damit ich mehr Ruhe vor den vielen Eindrücken habe?« Eine durchaus nachvollziehbare Überlegung.

Die Schulung der Sinne hilft Ihnen bei der Stressbewältigung auf drei Arten:

1. Je früher Sie die Warnsignale Ihres Körpers wahrnehmen, desto eher können Sie adäquat und heilsam mit der auslösenden Situation umgehen und sind dann wesentlich handlungsfähiger als zu dem Zeitpunkt, an dem Sie vor Wut platzen oder so gestresst sind, dass Sie gar nicht mehr klar denken können.
2. Sie beginnen, mehr wahrzunehmen, was in Ihrem Leben und Ihrem Umfeld funktioniert, erleben wieder die vielen Kleinigkeiten, die das Leben lebenswert machen, die Sie nähren und Ihnen Kraft geben. Das lässt Sie die Negativ-Stress-Brille ablegen und bringt Sie wieder ins Gleichgewicht. Sich für die nährenden Momente zu sensibilisieren schützt vor einem Burnout und hilft Ihnen, neue psychische und körperliche Kräfte für Ihre alltäglichen und nicht alltäglichen Herausforderungen zu schöpfen. Dies alleine ist schon aktive Stressbewältigung durch Achtsamkeit.
3. Darüber hinaus schulen Sie sich darin, Ihre Sinne bewusst einzusetzen, und machen sich so mit Ihren Wahrnehmungsprozessen vertraut. Sie erlangen die Fähigkeit, Zusammenhänge zwischen Außenreizen und Ihren Reaktionen darauf

im Denken und Fühlen zu erkennen, und können mit etwas Übung Ihre »Grübelketten« unterbrechen oder gar vermeiden. Auf diese Weise verstricken Sie sich weniger in selbstgemachte Dramen und gehen gelassener, entspannter und klarer durchs Leben. Dank der Achtsamkeit behalten Sie den Überblick und die Steuerungsfähigkeit in Ihrem Leben.

Wenn wir einfach nur auf dumpf schalten, was viele zur Stressbewältigung in ihrem Alltag bereits tun, berauben wir uns unserer körpereigenen Stressregulations-Fähigkeiten. Die Natur hat in unserem Bauplan vorgesehen, dass der Körper für uns unangenehme Symptome produziert, wenn sich unsere Lebenssituation dahingehend verändert, dass unser Wohlbefinden, unsere Gesundheit und damit auch potenziell unser Überleben gefährdet sind. Es beginnt erst einmal sehr fein, beispielsweise mit einem kaum merklichen Unbehagen, einem leichten Zusammenziehen der Muskulatur und kann sich bis hin zu Schmerz, Lähmung und der ganzen Palette psychosomatischer Begleiterscheinungen steigern, wenn wir nicht frühzeitig auf das Signal eingehen und unsere jeweilige Situation so weit verändern, dass der Körper das Gefühl bekommt, unter den neuen Gegebenheiten sei unser Überleben wieder gesichert.

Sicherheit wiederum wird durch Wohlgefühl, Zufriedenheit und eine entspannte Muskulatur signalisiert. Fazit: Je stärker das unangenehm empfundene Signal ist, umso stärker empfindet der Körper die Bedrohung und umso länger haben wir in den meisten Fällen bereits in der Situation verharrt, ohne uns in Sicherheit gebracht, die Situation verändert oder andere adäquate Bewältigungsstrategien angewendet zu haben. Stattdessen haben wir vielleicht schon lange auf den »nicht richtig funktionierenden« Körper geschimpft, der permanent neue Zipperlein hervorbringt. Können Sie sich vorstellen, wie verzweifelt Ihr Körper ist, wenn er die ganze Zeit versucht, Sie mit all seinen verfügbaren Mitteln darauf hinzuweisen, dass es so nicht weitergehen kann, dass Ihr Leben jetzt mittlerweile wirklich in Gefahr ist, er Sie durch Schmerzen regelrecht anschreit, sich endlich in Sicherheit zu bringen – und Sie machen einfach unbeeindruckt weiter? Na ja, so ganz unbeeindruckt scheint es Sie ja nicht zu lassen, sonst würden Sie vermutlich dieses Buch nicht lesen. Also, lieber Körper, es gibt Hoffnung!

Ausstieg aus dem Autopilot

In unserem geschäftigen Alltagsleben sind unsere Sinne häufig abgestumpft. Es mag sich für den einen oder die andere wie unter einer Käseglocke anfühlen. Das Leben findet zwar statt, aber wir bekommen es nicht sonderlich mit. Wir reagieren auf alles Mögliche, ohne mit dem, was gerade geschieht, in wirklichem Kontakt zu sein. Ohne mitzubekommen, wie wir uns immer tiefer in Stress und Leid verstricken. Wir leben im Autopilot-Modus. MBSR ist eine großartige Methode, um aus diesem Modus auszusteigen und ganz bewusst neue Wege einzuschlagen.

Achtsam sein bedeutet unmittelbar und direkt in Kontakt sein mit dem, was ist, ohne Wertung, ohne Interpretation. Schlicht beobachten, anerkennen, wahrnehmen, ohne sofort darauf zu reagieren. Achtsam sein ist pure Offenheit für alles, was sich jetzt in diesem Moment zeigt. Das heißt nicht, dass Ihnen das, was Sie wahrnehmen, gefallen muss oder Sie es gutheißen. Darum geht es nicht. Es geht nur darum, dass Sie schlicht wahrnehmen, was gerade geschieht und was es in Ihnen auslöst (Gedanken, Gefühle, Stimmungen), ohne sich davor zu verschließen, es abzuwehren oder daran kleben zu bleiben.

Um dies zu üben und auch um Ihnen einen kleinen praktischen Geschmack von Achtsamkeit zu geben, möchte ich Sie zu einer kleinen Reise durch Ihre Sinne einladen, zur Rosinen-Meditation. Diese Übung wird überall auf der Welt in der ersten Kurseinheit des MBSR-Programms praktiziert:

Wiederentdeckung der Sinne – achtsames Essen

Vorbereitung: Für diese Übung brauchen Sie drei Rosinen. Wenn Sie auf Rosinen allergisch reagieren, weichen Sie bitte auf ein anderes Lebensmittel pflanzlichen Ursprungs aus, das für Sie unbedenklich ist. Sollten Sie Rosinen nur einfach nicht mögen, sie aber vertragen, dann schauen Sie, ob es Ihnen möglich ist, sich zumindest für die Zeit der Übung auf das Experiment einzulassen und sich für neue Rosinen-Erfahrungen zu öffnen. Achten Sie dabei auf Ihre Grenzen. Sie können jederzeit die Übung beenden und müssen nicht alle Stationen bis zum Ende mitgehen. Legen Sie die CD 1 ein, und wählen Sie den Track *Rosinen-Meditation.*

Die Rosinen-Meditation

Legen Sie sich drei Rosinen bereit. Suchen Sie sich eine der drei Rosinen aus, mit der Sie jetzt gerne beginnen möchten, und deponieren Sie die anderen beiden so, dass Sie sich nicht weiter um sie kümmern müssen.

1. Rosine

Nehmen Sie die Rosine zwischen Ihre Finger. Schließen Sie, wenn es Ihnen angenehm ist, die Augen. Beginnen Sie nun, voller Aufmerksamkeit die Rosine zwischen Ihren Fingern zu ertasten. Wie ist die Oberfläche beschaffen … ist sie rauh oder glatt … vielleicht etwas klebrig … ist die Konsistenz weich oder eher fest?

Nun führen Sie die Rosine an Ihre Nase und riechen Sie an ihr. Welche Duftfacetten können Sie wahrnehmen? An was erinnert Sie der Geruch? Vielleicht an Holz, Sonne, Erde, Leder oder Karamell? Oder vielleicht tauchen auch Szenen aus Ihrem Leben auf: Erinnerungen an Oma, an Weihnachten, an die Küche in Ihrem Eltern-

haus, an Käsekuchen … Was lösen diese Erinnerungen in Ihnen aus? Wehmut oder Freude? Lächeln Sie? Bemerken Sie schlicht, was in Ihnen geschieht und wie Sie darauf reagieren.

Dann öffnen Sie die Augen und schauen Sie sich die Rosine genau an. So, als hätten Sie in Ihrem Leben noch nie eine Rosine gesehen. Wie ist die Oberfläche beschaffen, ihre Struktur? Wie bricht sich das Licht auf der Oberfläche der Rosine? Wie ist die Farbigkeit? Ist sie durchgängig gleich, oder gibt es Farbunterschiede? Dann halten Sie die Rosine gegen das Licht. Was können Sie nun sehen und an was erinnert Sie das, was Sie sehen?

Führen Sie nun die Rosine an Ihr Ohr. Wenn Sie sie zwischen Ihren Fingern ein wenig hin und her bewegen oder auch knautschen, was können Sie hören?

Berühren Sie nun mit der Rosine Ihre Lippen und beginnen Sie, die Rosine mit den Lippen zu ertasten. Was können Sie fühlen, vielleicht kitzelt es? Können Sie die Struktur der Rosine ertasten, oder fühlen Sie etwas anderes? Was passiert in Ihrem Mund? Entsteht vielleicht mehr Speichel? Einfach wahrnehmen, was geschieht.

Öffnen Sie nun den Mund und legen Sie die Rosine bewusst auf die Zunge. Schließen Sie den Mund und beginnen Sie, die Rosine mit der Zunge zu erforschen. Bitte noch nicht draufbeißen, erst einmal nur mit der Zunge wahrnehmen. Wie schmeckt sie? Schmeckt sie wie erwartet oder anders, vielleicht sogar gar nicht? Erscheint sie groß oder klein, hart oder weich, kalt oder warm? Verändert sie sich mit der Zeit? Wie reagiert Ihr Mund, erhöht sich der Speichelfluss?

Beißen Sie nun bewusst ein- oder zweimal auf die Rosine. Wie verändert sich der Geschmack in Ihrem Mund, der Speichelfluss? Bemerken Sie, ob sich in Ihnen der Impuls regt, weiterkauen zu wollen und die Rosine endlich zu essen. Nehmen Sie den Impuls wahr, ohne sofort auf ihn zu reagieren. Kosten Sie den Geschmack der Rosine.

Zerkauen Sie nun die Rosine. Kauen Sie langsam. Beobachten Sie: Wann hört die Rosine auf, eine Rosine zu sein?

Wenn Sie die Rosine schlucken möchten, achten Sie darauf, wie Ihre Zunge den Schluckvorgang vorbereitet, indem sie alle Einzelteile der Rosine zusammensammelt. Wenn Sie diese schlucken, beobachten Sie, bis zu welcher Stelle Sie die Rosine nach dem Schlucken noch spüren können. Wo hört Ihre Wahrnehmung der Rosine auf?

Nehmen Sie wahr, wie die Zunge nach dem Schluckvorgang den Mund reinigt. Ein Vorgang, den wir selten bewusst erleben. Nehmen Sie wahr, wie die Zunge nun von Speichel geflutet wird und sich auf diese Weise selbst reinigt. Wie verändert sich der Geschmack in Ihrem Mund?

Stoppen Sie die CD an dieser Stelle. Nehmen Sie Ihr Notizbuch zur Hand, und geben Sie sich etwas Zeit, über die vergangene Übung zu reflektieren und Ihre Beobachtungen, Gedanken und Empfindungen zu den einzelnen Stationen aufzuschreiben. Haben Sie auf diese Weise schon einmal eine Rosine erforscht und gegessen? Was konnten Sie wahrnehmen, und wie haben Sie das empfunden? Was hat Sie überrascht? Welche Gedanken oder Erinnerungen kamen auf, und welche Gefühle waren damit verbunden? Gab es Momente der Ungeduld, der Langeweile, des Widerstands oder vielleicht auch der Gier? Fühlen Sie sich bitte frei, noch weitere Beobachtungen aufzuschreiben, die Ihnen unabhängig von den Fragen aufgefallen sind. Wollen Sie nun mit der Übung fortfahren, stellen Sie die CD wieder an.

> ***2. Rosine***
> *Nun möchte ich Sie einladen, sich der zweiten Rosine zu widmen. Wählen Sie eine der zwei noch vorhandenen Rosinen aus und essen Sie diese so, wie Sie für gewöhnlich Rosinen essen.*

Stoppen Sie die CD hier, und geben Sie sich nach dem Essen der zweiten Rosine wieder etwas Zeit zum Reflektieren. Schreiben Sie Ihre Beobachtungen in Ihr Notizbuch. Wie haben Sie diese Rosine erlebt? Was ist geschehen? Konnten Sie sie so essen wie gewöhnlich, oder gab es einen Unterschied zu Ihren üblichen Erfahrungen? Was war anders als sonst? Zum Fortsetzen der Übung stellen Sie die CD wieder an.

> ***3. Rosine***
> *Nun widmen Sie sich der dritten Rosine. Essen Sie diese nun in Ihrem eigenen Tempo in Achtsamkeit. Wählen Sie selbst, welche Sinne Sie nutzen möchten. Halten Sie Ihre Erfahrungen danach wieder in Ihrem Notizbuch fest.*

Diese Übung hat Ihnen nun einen ersten kleinen Geschmack davon gegeben, was Achtsamkeit ist. Gleichzeitig ist sie die Vorübung für einen Teil Ihrer »Hausaufgaben« für diese Woche: *das achtsame Essen.* Nehmen Sie sich an 6 Tagen der aktuellen Übungswoche Zeit für eine Mahlzeit in Achtsamkeit. Am Anfang mag es Ihre Achtsamkeits-Kondition noch etwas überfordern, eine ganze Mahlzeit achtsam zu essen. Sie können auch mit ein paar Bissen einer Mahlzeit oder einem Stück Obst, beispielsweise einem Stück Apfel, beginnen. Die folgenden Anregungen können Ihnen helfen, aus Ihrer Mahlzeit eine Übung der Achtsamkeit zu machen, die auch Ihr Gemüt nährt:[2]

1. Richten Sie Ihre Aufmerksamkeit ganz bewusst auf diese Übung aus und nehmen Sie sich dafür Zeit.
2. Üben Sie am Anfang, wenn es Ihnen möglich ist, alleine, so dass Sie durch niemanden abgelenkt werden. Wenn Sie normalerweise alle Mahlzeiten zusammen mit Ihren Kindern einnehmen, schaffen Sie sich am Vormittag oder am Nachmittag eine kleine Pause, in der Sie eine Kleinigkeit zu sich nehmen und dies zu Ihrer Übung werden lassen. Sollten Zwischenmahlzeiten Ihrem Ernährungskonzept zuwiderlaufen, dann weichen Sie auf ein Getränk aus, beispielsweise eine Tasse Tee.
3. Achten Sie darauf, wie das Essen/Getränk aussieht. Wie es riecht, welche Farbe es hat. Schenken Sie jedem Detail Aufmerksamkeit.
4. Machen Sie sich bewusst, was alles dazu geführt hat, dass Sie diese Mahlzeit, dieses Lebensmittel oder Getränk nun vor sich haben. Denken Sie an all die Menschen und Tiere, Gegebenheiten und Abläufe, die daran mitgewirkt und dazu beigetragen haben.
5. Fragen Sie sich, ob Sie das, was Sie vor sich haben, auch wirklich essen oder trinken möchten.
6. Achten Sie während des Essens/Trinkens ganz bewusst auf jedes Detail. Kauen, schmecken und schlucken Sie bewusst. Langsamkeit kann helfen.
7. Was bewirkt die Speise oder das Getränk in Ihnen? Tut es Ihnen gut, fühlen Sie sich damit wohl oder nicht. Achten Sie darauf, wie Ihr Körper Ihnen signalisiert, dass er genug hat, dass Sie satt sind. Wie reagieren Sie darauf? Nehmen Sie auch Ihre Gier und die Lust wahr, noch mehr zu essen. Entscheiden Sie bewusst, ob Sie dem nachgeben möchten oder nicht.
8. Achten Sie darauf, wie es Ihnen ein paar Stunden nach der Mahlzeit geht. Haben Sie Blähungen, fühlen Sie sich träge und voll? Oder eher vital, wach und kraftvoll? Können Sie eine Verbindung herstellen zu einzelnen Lebensmitteln oder einer Kombination, die vielleicht für Sie unverträglich ist?

Die Acht Prinzipien der Achtsamkeit[3]

Die folgenden Prinzipien der Achtsamkeit können Ihnen helfen, im Alltag immer wieder zur Präsenz des Augenblicks zurückzufinden. Sie sind der Kern der gesamten Achtsamkeitspraxis. Aus diesem Grunde möchte ich Sie anregen, diese Punkte deutlich lesbar auf einem Merkblatt zu notieren, ergänzt durch für Sie relevante Stichpunkte dazu. Befestigen Sie dieses Blatt so, dass mehrfach am Tage Ihr Blick darauf fällt, so dass Sie sich und Ihre Aktivitäten immer wieder neu ausrichten können. Diese Prinzipien im Alltag umzusetzen bedeutet, achtsam zu leben.

Bei all diesen Prinzipien sollten Sie sich immer wieder die Frage stellen: Was kann mir helfen, mit dem, was ist, in unmittelbaren Kontakt zu kommen?

1. Wertneutralität

Wertneutralität ist eine offene innere Haltung allen Geschehnissen gegenüber, ohne das, was geschieht, sofort in eine Schublade von gut oder schlecht zu packen oder ihm unsere Interpretation überzustülpen. Nur in dieser offenen, neutralen Haltung ist es uns möglich, wirklich wahrzunehmen, was sich uns darbietet. Jede Wertung, jede Interpretation verzerrt das Bild und entfernt uns von dem, was ist. Die geistige Aktivität des Bewertens gehört allerdings zu unserem Überlebenstrieb, denn wir mussten schon zu Säbelzahntigers Zeiten in Bruchteilen von Sekunden Freund und Feind unterscheiden und im Falle eines Feindes unser Rettungsprogramm starten, welches Angriff- oder Fluchtimpulse in uns auslöst. Heute haben wir es jedoch nur noch selten mit lebensbedrohlichen Situationen zu tun (zumindest in unseren Breitengraden), trotzdem ist unser Bewertungsmodus permanent aktiv. Wir bewerten alles, kontinuierlich: gut/schlecht, angenehm/unangenehm, toll/blöd. Das löst in uns der Bewertung entsprechende Tendenzen aus wie Abwehr oder Anziehung. Mit der Abwehr gehen Gefühle der Wut, des Ärgers oder auch der Angst einher, Belastungsgefühle also. Wenn wir etwas schön finden, entsteht Anziehung und Habenwollen. Für einen kurzen Moment erzeugt dies zwar ein freudiges Gefühl (das macht es ja auch so attraktiv für uns), jedoch schlägt dieses Gefühl sofort in sein Gegenteil um, wenn wir das, was wir so attraktiv finden, nicht bekommen oder es uns nicht auf Dauer sichern können. Innerhalb von Sekunden kippt Freude in Leid um, und schon sind wir wieder im Stressmodus, denn jetzt beginnen wir uns Sorgen zu machen, werden vielleicht ärgerlich oder ängstlich. Eifersucht und Verlustangst sind typische Gefühle in diesem Prozess, wie Sie es vielleicht aus beruflichen Situationen, in einer Ehe oder Liebesbeziehung oder auch in der Familie bei Abnabelungsprozessen der geliebten Kinder kennen. Wenden wir uns einer Situation stattdessen mit einer offenen, neutralen Haltung zu, also einer Haltung, die nicht sofort ein Werturteil fällt, bleibt unser Gemüt ruhig, es bilden sich keine Tendenzen der Abwehr oder des Habenwollens heraus. In einer wertneutralen Haltung entsteht keinerlei Resonanz zu unserem Überlebensprogramm und somit keine Stressbelastung.

Wir werden den Bewertungsmechanismus sicher nicht gänzlich eliminieren können. Aber unseren permanent plappernden Kommentator, der kontinuierlich über alles und jeden richtet, unsere »Drama-Queen«, die können wir mit etwas Übung im Laufe der Zeit immer mehr zur Ruhe bringen. Die Übung der Wertneutralität besteht darin, im ersten Schritt überhaupt erst einmal wahrzunehmen, dass Sie gewertet, etwas in eine Schublade gesteckt oder reflexartig ein (vor)schnelles Urteil über etwas oder jemanden gefällt haben. In dem Moment, in dem Sie das merken, entsteht eine Wahlmöglichkeit, eine Freiheit: Sie können sich bewusst dafür entscheiden, die Situation oder Person in der Schublade zu belassen, wenn Sie das möchten, Sie können sich aber auch ganz bewusst für eine erneute Betrachtung entscheiden und das, was ist, noch einmal mit einer offenen Haltung anschauen. Sie können sich darin üben, die Dinge erst einmal so zu lassen, wie sie sind, ohne sofort etwas mit ihnen machen, sie klassifizieren oder eine Meinung darüber haben zu müssen. Das wäre dann eine Übung in Offenheit und damit eine Übung in Wertneutralität. Interessanterweise ist es unserem Gehirn ziemlich egal, was wir üben (im Gegensatz zu uns wertet die Natur nicht). Es stellt für alle Vorgänge, die wir üben, das Material zur Verfügung. So sind durch das »Üben« des permanenten Wertens und Klassifizierens neuronale Vernetzungen im Gehirn gebahnt worden, vergleichbar mit vierspurig ausgebauten Autobahnen. Es ist für Sie mittlerweile unglaublich komfortabel, sich auf diesen gut eingefahrenen Bahnen im Bewertungsmodus, dem Denk-Gewohnheitsmuster, durch Ihr Leben zu bewegen. Wenn Sie sich nun der Offenheit zuwenden, bewegen Sie sich erst einmal auf schwankendem Boden, da Sie noch kein passendes neuronales Netz angelegt haben. Doch mit jedem Üben registriert Ihr Gehirn eine neue Materialanforderung für das neue Offenheit-Wegenetz und beginnt entsprechende Verschaltungen anzulegen. Mit wachsender Übung nimmt auch die Stärke der Verknüpfungen zu, und ein neues Gewohnheitsmuster, ein neues neuronales Wegenetz, entsteht. Die Natur ist pragmatisch. Sie stellt uns das Material zur Verfügung und baut alles wieder ab, was wir nicht mehr nutzen, sei es Muskulatur oder neuronale Verschaltungen. So können wir tatsächlich unser Leben und Denken bewusst gestalten. Wir sind Gestaltende unseres Lebens. Liegt darin nicht eine großartige Freiheit? Bewusstwerdung und Übung sind nötig, dann ist (fast) alles machbar.

2. Anfängergeist

Der Anfängergeist lädt uns ein, uns der Einzigartigkeit der gegenwärtigen Situation bewusst zu werden und uns unvoreingenommen und neugierig dem, was geschieht, zu widmen, ohne die vorgefertigten Wahrnehmungs-Schablonen unserer Erfahrungen hervorzukramen. Jeder Moment ist neu. Sie haben gerade drei einzigartige Rosinen gegessen. Diese Rosinen gab es nur ein einziges Mal. Vielleicht haben Sie erlebt, dass jede einen leicht anderen Geschmack hatte. Obwohl jede von ihnen die Bezeichnung Rosine trug, unterschied sie sich von den anderen. Vielleicht erinnern Sie sich noch, zu Beginn der Übung gedacht zu haben: »Das brauch ich gar nicht machen. Ich weiß doch, wie Rosinen schmecken.« Damit haben Sie Bekanntschaft mit dem Profimodus gemacht, aus dem heraus wir für gewöhnlich unsere Welt wahrnehmen – abgeklärt, aufgeklärt, routiniert. Wir haben Erfahrungen gemacht, wir haben Wissen angehäuft, wir sind ausgebildet, Profis in unserem Leben, und doch scheint das Leben oft an uns vorbeizuziehen, ohne dass wir wirklich daran teilhaben. Der Anfängergeist der Achtsamkeit beinhaltet ein bewusstes Verlassen unseres eingefahrenen Profimodus – des Autopiloten – und ermöglicht uns durch seine kompromisslose Offenheit, unmittelbaren Kontakt zu dem, was ist, herzustellen. Auf diese Weise vermögen wir, verschiedene Positionen und Sichtweisen einzunehmen und eine Vielzahl an hilfreichen Informationen aufzunehmen, die nicht nur neue Erfahrungen für uns bereithalten, sondern auch neue Lösungsmöglichkeiten. Wenn Sie wollen, dass sich in Ihrem Leben etwas verändert, dann werden Sie nicht umhinkommen, Ihre Routinen zu verlassen, auch die Routine Ihrer Wahrnehmungsprozesse. Der Anfängergeist geht einher mit Neugier, Frische, Offenheit, Forschergeist, spielerischer Leichtigkeit und Humor. So wie jemand, der mit einem Hobby anfängt, zunächst gar keine Ahnung von den Dingen hat und sich erst einmal einen Überblick verschaffen muss und dadurch einen unverstellten Blick auf die Dinge bekommt, verhilft Ihnen der Anfängergeist zu einem größeren Überblick und neuen Erkenntnissen und Erlebnissen.

3. Geduld

Geduld bedeutet, in Kontakt zu sein mit der Zeit der Dinge und diese anzuerkennen. Durch das Anerkennen der zeitlichen Dauer eines Prozesses ermöglichen wir uns, innerlich von unseren Manipulationsversuchen zurückzutreten und dem, was passiert, wieder Raum zu geben. Raum für Entfaltung, Raum für Entwicklung, Raum für Entdeckung. Während wir sonst meist darauf drängen, etwas möglichst schnell fertig zu bekommen, voranzutreiben und zu beschleunigen, können wir die Dinge nun in ihrer eigenen Zeit sich entfalten lassen. Auf diese Weise investieren wir nur die Energie, die wirklich von uns benötigt wird – ohne sie in fruchtlosen Versuchen zu verschwenden, einen Prozess zu beschleunigen, der sich unserer Kraft und unserem Willen vollkommen entzieht. Geduld ist also ein Energiesparmodus. Allerdings ist es wichtig, Geduld nicht mit Resignation zu verwechseln. Kennzeichnende Merkmale authentischer Geduld sind Klarheit und Wachheit, mit der Sie bewusst anerkennen, dass sich etwas Ihrer Vorstellung von Zeit und Schnelligkeit entzieht, dies bewusst akzeptieren und bewusst weitere Manipulationsversuche einstellen. Sie sind weiterhin interessiert und offen und der Situation zugewandt, jedoch aus einer beobachtenden Position heraus. Emotional bleiben Sie dabei ausgeglichen. Taucht jedoch ein Gefühl von Stumpfheit in Ihnen auf, ist dies ein Zeichen, dass Sie sich von der Situation abwenden, resignieren und sich in sich selbst zurückziehen. Ärger ist ein Zeichen dafür, dass Sie das, was ist, nicht akzeptieren und ablehnen.

Die innere Haltung der Geduld ist ein stressfreier Zustand, und sie lässt uns mehr Details von der Welt mitbekommen bei einer gleichzeitig recht entspannten Gemütsverfassung. Es ist ein nährender Zustand, den wir alle aus Kindertagen kennen, in denen wir noch Zeit hatten, zu beobachten und die Dinge von selbst sich entfalten zu lassen. Was konnten wir nicht alles beobachten und entdecken! Das ganze Universum fanden wir in Form eines Käfers auf einem kleinen Grashalm. Und heute optimieren wir Prozesse, damit sie schneller ablaufen, und haben doch gefühlt immer weniger Zeit, versuchen, alles parallel zu erledigen, und verlieren die Geduld, sobald etwas nicht unseren Vorstellungen von Zeit und Raum entspricht. Wir schreien unsere Kinder an, setzen unsere Mitarbeiter unter Druck und hetzen uns durch einen effektiv und minutiös getakteten Terminkalender und fragen uns, wann wir endlich anfangen können zu leben. Vielleicht morgen oder übermorgen, wenn alles so weit erledigt ist. Vielleicht in einem Jahr, wenn unsere Kinder aus dem Haus sind, vielleicht, wenn wir in Rente gehen … Leben – tja, dafür ist gerade keine Zeit.

Vielleicht kennen Sie das Wunschgebet: »Lieber Gott, gib mir die Kraft, Dinge zu verändern, die ich verändern kann, gib mir die Geduld, anzunehmen, wenn ich sie nicht ändern kann, und gib mir die Weisheit, beides voneinander zu unterscheiden.« Und genau darum geht es. Es wird Situationen geben, die Sie mit Ihrer Kraft und Ihrem Willen vorantreiben können, wenn Sie dies möchten. Aber für die anderen Situationen ist die innere Haltung der Geduld gedacht, damit Sie daran nicht zerbrechen und konstruktiv sowie energieschonend damit umgehen. Um diese Situationen erkennen zu können, brauchen Sie Achtsamkeit und Weisheit: das Wissen um die Zeit der Dinge.

4. Vertrauen

Vertrauen in die Regungen und Zeichen unseres Körpers geht uns meist im Laufe unseres Lebens verloren, insbesondere wenn ein gestresster Körper immer merkwürdigere und verstörendere Symptome zeigt und unsere Kraft zum Leben schwindet. Das Vertrauen in den eigenen Körper und seine Signale wiederzuerlangen, darum geht es bei diesem Prinzip der Achtsamkeit. Vertrauen kommt von vertraut werden. In der achtsamkeitsbasierten Stressbewältigung beginnen wir, durch Körperübungen wie Body-Scan und Yoga wieder Kontakt zu unserem Körper aufzubauen, und lernen, seine Symptome als hilfreiche Signale unseres Befindlichkeits-Barometers zu lesen und zu verstehen. Die Natur hat es so eingerichtet, dass wir nach Wohlgefühl und damit nach den bestmöglichen Lebensumständen zur Sicherung unseres Überlebens streben. Dies wird auch noch durch Belohnungshormone wie Dopamin vom Körper honoriert. Wenn sich unsere Lebensumstände im Gleichgewicht befinden, dann signalisiert uns dies der Körper mit Wohlgefühl. Durch unangenehm empfundene Körpersymptome will uns unser Organismus darauf aufmerksam machen, dass sich unsere Lebensumstände so weit verändert haben, dass unsere Gesundheit und damit auch unser Überleben bedroht ist. Es muss sich unangenehm anfühlen, wenn unser Gleichgewicht bedroht ist, damit wir »in die Puschen kommen«. Fatalerweise beschimpfen wir oft unseren Körper, wenn er zickt, Schmerzen und Müdigkeit zeigt, und fühlen uns durch die Symptome gestört und bedroht, statt sie als Alarmsignale zu sehen. Wir empfinden es so, als würde sich unser Körper gegen uns wenden, und damit machen wir ihn zu unserem Feind, den es zu bekämpfen gilt. Auf dieses neu geschaffene Feindbild reagiert unser Organismus wiederum gestresst, da es sich um eine neue Bedrohung handelt, und antwortet prompt mit noch stärkeren Symptomen, um uns darauf hinzuweisen, dass jetzt langsam wirklich fünf vor zwölf ist und wir schleunigst Maßnahmen zu unserer Rettung ergreifen sollten. Doch statt danach Ausschau zu halten, suchen wir weiter nach Kompensation: Wir trinken mehr Kaffee, nehmen Schmerzmittel, greifen zu Alkohol, zeigen unserem Feind Körper, was eine Harke ist, und arbeiten noch härter. Eine glatte Fehlinterpretation der Signale. Auf diese Weise berauben wir uns der Möglichkeit, gut für uns zu sorgen. Der Gang zum Arzt endet mit der vielleicht frustrierenden Aussage des Mediziners: »Körperlich ist alles in Ordnung, die Symptome sind psychosomatisch, entspannen Sie sich mal!«

Die gute Nachricht: Ihr Körper funktioniert hervorragend! Er macht genau seinen Job. Er zeigt Ihnen präzise, wovor er Angst hat, was er in Ihrem Leben erschreckend oder frustrierend findet, was ihm zu viel und zu anstrengend ist, aber genauso, was er mag und für gesund hält. Jetzt liegt es an Ihnen, seine Botschaft auf eine aufmerksame und gleichzeitig undramatische Art und Weise lesen und verstehen zu lernen. Dies ermöglicht Ihnen, wieder Freundschaft mit Ihrem Wunderwerk Körper zu schließen. Die Übungen des Body-Scan und Yoga werden Ihnen dabei helfen. Dann haben Sie ein perfektes Werkzeug, um immer früher zu erkennen, wenn Ihnen etwas nicht guttut und Sie in Stress geraten. So können Sie entsprechend frühzeitig Maßnahmen ergreifen, mit denen Sie Ihre Balance wiederherstellen können, so dass Sie langfristig gelassen und gesund bleiben.

5. Akzeptanz

Akzeptanz ist die Basis jeglicher Heilung. Ohne Ihre Akzeptanz, dass Ihr Leben »Optimierungsbedarf« hat, hätten Sie sehr wahrscheinlich dieses Buch nicht in die Hand genommen. Ohne Akzeptanz gibt es keinen Weg, keine Hilfe, keine Maßnahmen, keine Veränderung.

Akzeptanz bedeutet, das, was ist, so anzuerkennen und stehen zu lassen, wie es sich auf der Faktenebene darstellt. Nicht mehr und nicht weniger. Akzeptanz ist frei von Wertung und Interpretation. Sie brauchen das, was ist, weder gutzuheißen noch damit einverstanden zu sein. Es reicht, wenn Sie es da sein lassen, wie es ist. So erhalten Sie einen klaren Überblick über alle Aspekte und können von hier aus wählen, wie es weitergehen soll, welche Möglichkeiten sich Ihnen nun bieten, ohne blind loszustürmen oder gar den Kopf in den Sand zu stecken. Die Akzeptanz gibt Ihnen die Fakten für die aktive Gestaltung Ihres Lebens in die Hand. Akzeptanz ist eine Schlüsselkompetenz, durch die Sie Ihr Leben bewusst, verantwortungsvoll und weise gestalten können. Akzeptanz wird manchmal mit Hinnehmen verwechselt. Was ist der Unterschied? Während Akzeptanz von klarer Bewusstheit und einer aktiven Entscheidung, die Situation anzuerkennen, wie sie ist, geprägt ist, ist Hinnehmen eher von wenig Klarheit und einer passiven Haltung des Ausgeliefertseins geprägt. Die Verantwortung wird irgendwo außerhalb der eigenen Person angesiedelt (»Ich konnte nicht anders; die Umstände sind gerade so; jemand hat …; wenn der auch ständig …, dann muss ich ja …«), anstatt sie selbst zu übernehmen. Von dieser Position aus kann das Leben nicht aktiv selbst gestaltet werden und Sie sind von der »Willkür« des Lebens und der anderen abhängig. Andere entscheiden über Sie. Auf den ersten Blick ist das vielleicht eine bequeme Position – keine Verantwortung, keine Fehler, für die Sie geradezustehen haben. Doch das Leid, der Stress, die Angst und die Unsicherheit hören trotzdem nicht auf, denn Sie können sich nicht daraus befreien, wenn Sie nicht die Verantwortung für Ihren Part in Ihrem Leben übernehmen und die nötigen Entscheidungen fällen.

6. Teflon-Geist

Teflon-Geist bezeichnet die Fähigkeit, sich wie eine Teflon-Oberfläche immer wieder von aufkommenden Reizen zu lösen oder (mit wachsender Übung) gar nicht mehr auf Reize anzuspringen (ohne sie zu unterdrücken). Diese geistige Fähigkeit hilft uns, uns auf Wesentliches auszurichten, und schützt uns vor Reizüberflutung. Ohne sie dissoziieren[4] wir, um uns zu schützen, und flüchten uns vor der Welt in Traumbilder. Oder wir springen auf alles an, was geschieht, mit dem Ergebnis, dass wir am Ende des Tages viel zu viele Informationen aufgenommen haben (plus der Eindrücke der Spätnachrichten kurz vorm Schlafengehen) und unser Gehirn mit dem Sortieren und Verarbeiten kaum noch hinterherkommt. Dazu gesellt sich noch die gut trainierte Grübelneigung, die uns keinen Ausweg finden lässt, wenn sie einmal in Gang gekommen ist: Es taucht ein kleiner harmloser Gedanke auf, und wir docken sofort geistig an. Daraus kann sich schnell ein dramatisches Szenario mit der ganzen Gefühlspalette und Stresshormon-Ausschüttung entwickeln. Obwohl wir alles nur gedanklich erleben, reagiert unser Organismus genauso gestresst, als würden wir uns in einer realen Stresssituation befinden. Unser Organismus macht keinen Unterschied zwischen erdachter und tatsächlicher Bedrohungssituation. Die Stressreaktion ist die gleiche. Bei der Achtsamkeitspraxis üben wir uns darin, die Eindrücke vorbeiziehen zu lassen, ohne an ihnen kleben zu bleiben, genauso wie eine Teflon-Oberfläche. Die Übung der Meditation wird Ihnen hier sehr helfen.

7. Loslassen

Loslassen ist eine bewusste Entscheidung, unseren geistigen Klammergriff zu lösen, unsere geistige Hand zu öffnen. Doch bevor wir dies tun können, muss uns bewusst geworden sein, dass wir gerade etwas festhalten. Körperlich mag das noch recht leicht für uns erkennbar sein, doch geistig wird es schon schwieriger. Mit wachsender Achtsamkeitspraxis werden Sie immer besser wahrnehmen, wenn Sie an etwas kleben bleiben, sich in Gedankengänge verstricken oder auf etwas »herumkauen«. Ihr Körper kann Ihnen hier große Dienste erweisen. Beispielsweise leiden viele unter Kieferverspannungen, wenn sie auf einem Problem herumkauen. Nehmen Sie dieses Signal wahr, kann Sie das dazu anregen, Ihre Gedankenaktivität einmal etwas genauer unter die Lupe zu nehmen und so gedankliche Festbeiß-Vorgänge wahrzunehmen. Haben Sie diese identifiziert (und akzeptiert), braucht es nun noch Ihre bewusste Entscheidung, den gedanklichen Griff zu lösen. Wie machen Sie das am geschicktesten? Wenden Sie Ihre Aufmerksamkeit einem neutralen Objekt zu. In der Achtsamkeitspraxis nutzen wir immer wieder den Atem. Er kostet nichts, ist immer bei uns (wo auch immer wir sind) – bis wir sterben. Wer loslässt, hat zwei Hände frei (auch geistig). Solange Sie an der Vergangenheit festhalten, steht Ihnen für das Hier und Jetzt Ihre Aufmerksamkeit nicht mehr vollständig zur Verfügung. Ein Teil Ihrer Aufmerksamkeit ist an ein Objekt gebunden, welches das Hier und Jetzt schon längst verlassen hat und nun der Vergangenheit angehört. So wie jedes Wort, das Sie gerade lesen, im nächsten Moment schon Vergangenheit ist. Immer wenn wir an etwas kleben bleiben, verlieren wir den Kontakt zum neuen Moment. Gleiches passiert, wenn wir an Zukunftsträumen festhalten. Wir sind nicht mehr hier, sondern mit unserer Aufmerksamkeit und Lebensenergie in einer Fiktion gefangen. Fakt ist jedoch, dass weder die Vergangenheit noch die Zukunft greifbar sind. Das Jetzt ist der einzige Moment, in dem wir unser Leben tatsächlich erfahren und gestalten können. Alles andere ist Fiktion oder Erinnerung. Die Vergangenheit ist vorbei und kann nicht mehr verändert werden.

Die Zukunft ist noch nicht eingetroffen, und wir können nicht sicher sein, ob Sie wirklich so eintreffen wird, wie wir sie uns vorstellen. Jetzt ist der einzige wirklich greifbare und gestaltbare Moment. Für dieses Jetzt brauchen wir unsere gesammelte Aufmerksamkeit, um diesen kurzen Moment überhaupt wirklich zu erleben, und unsere gesamte Energie, um diesen Moment zu gestalten. Verweilen wir in der Vergangenheit oder in der Zukunft, verlieren wir den Kontakt, unsere Energie und unsere Gestaltungsfähigkeit. Auf Hirnebene sind alle unsere Rezeptoren mit Traumbildern oder Erinnerungen beschäftigt. Nur wenige Rezeptoren sind frei und können das Hier und Jetzt aufnehmen. Und so kann der Eindruck entstehen, im eigenen Leben nicht wirklich anwesend zu sein, es zu verpassen, während man dabei ist, Pläne zu schmieden oder der Vergangenheit hinterherzutrauern. Loslassen ist die praktische Übung, Erfahrungen sofort wieder ziehen zu lassen und so unsere Synapsen frei zu halten für die neuen Eindrücke des gegenwärtigen Moments.

8. Liebe und Mitgefühl

Liebe und Mitgefühl helfen uns dabei, freundlich und gelassen mit uns umzugehen; zum Beispiel wenn wir merken, dass wir es immer noch nicht schaffen, Gedanken und Erinnerungen ziehen zu lassen, wir mal wieder den Moment verpasst haben, weil wir uns dem Grübeln hingegeben und unsere Geduld verloren haben. Liebe und Mitgefühl lassen uns bei aller Frustration und Mühe unsere kompromisslose Offenheit bewahren und uns innerlich immer wieder freundlich und wohlwollend auf unsere Achtsamkeits-Füßchen stellen und liebevoll im Kontakt mit uns bleiben, wenn wir beim Üben unserer ersten Schritte mal wieder auf die Nase gefallen sind. Wir kultivieren innerlich eine Haltung des Wohlwollens uns gegenüber, die sich am Anfang vielleicht noch etwas künstlich anfühlt, mit der Zeit aber vertrauter und natürlicher für uns wird. Vielleicht ertappen Sie sich während Ihrer Übungen dabei, dass Sie sich ziemlich hart kritisieren, nörgelnd mit sich reden oder forsch mehr Leistung von sich fordern. Bemerken Sie, was diese Worte und inneren Tonlagen in Ihnen auslösen. Wer hat in Ihrem Leben mit Ihnen so geredet? Vielleicht hören Sie sich Sätze sagen, die Sie von Ihren Eltern her kennen. Erlauben Sie sich, neue Formulierungen und Tonlagen zu finden, die sich für Sie angenehmer anhören, Sie beruhigen und Sie fördern, statt zu (über)fordern. Das geschieht nicht von heute auf morgen, es ist unter Umständen ein langer, vielleicht sogar lebenslanger Prozess. Doch mit der Zeit werden Sie merken, dass sich eine sanftere Haltung in Ihnen auszudrücken beginnt und Sie auch wohlwollender und verständnisvoller mit anderen umgehen. Sie werden im Rahmen dieses Programms vor allem durch die Yogaübungen und durch eine spezielle Meditation Gelegenheit haben, diese sanfte und mitfühlende Haltung immer mehr zu kultivieren.

Nach so viel Theorie möchte ich Sie nun zur ersten Praxiseinheit des Kurses einladen – dem Body-Scan –, er ist die erste der drei Hauptübungen des MBSR-Programms:

Der Körper als Werkzeug – Einführung in den Body-Scan

Vorbereitung: Suchen Sie sich für die Übung des Body-Scans einen Ort, an dem Sie nicht gestört werden, und machen Sie es sich so bequem wie möglich. Eine Decke sowie ein Kissen für den Kopf schaffen Behaglichkeit. Sie können diese Übung im Liegen, aber auch im Sitzen ausführen, je nachdem, was Ihnen angenehmer oder praktikabler erscheint. Wenn möglich, vermeiden Sie es jedoch, im Bett zu üben, da unser Organismus diesen Ort meist direkt mit Schlafen verbindet, und so soll es auch bleiben.

Grundsätzlich sollte Ihre Position so bequem und schmerzfrei wie möglich sein, so dass Sie längere Zeit darin verweilen können. Lagern Sie schmerzende Stellen entlastend. Ein Kissen unter den Beinen oder eine gerollte Decke unter den Knien bewirkt häufig eine Entlastung bei Schmerzen im Lendenwirbelbereich.

Worum es geht

Im nun folgenden Body-Scan werden Sie Schritt für Schritt durch Ihren Körper geleitet und angeregt, an jeder Körperstelle kurz zu verweilen und in sie hineinzuspüren. Der Body-Scan ist keine Entspannungsübung. Vielmehr geht es in dieser Übung darum, die Aufmerksamkeit zu schulen, sich den Empfindungen des Körpers in wacher Präsenz und wertungsfreier Offenheit zu widmen und wieder mit dem Körper und seinen Signalen in Verbindung zu kommen. Außerdem üben wir uns darin, unsere Aufmerksamkeit gezielt zu lenken. Sie brauchen sich für diese Übung weder besonders anzustrengen, noch müssen Sie dafür entspannt sein. Erlauben Sie es sich, einfach nur dazuliegen oder -zusitzen, und folgen Sie den Worten, die Sie hören, so wie es Ihnen gerade möglich ist. Erlauben Sie es sich, in einen freundlichen, wohlwollenden und interessierten Kontakt mit Ihrem Körper zu kommen, wie auch immer er gerade ist. Vielleicht ist Ihr Körper gerade krank oder erschöpft, hat Schmerzen. Gehen Sie sanft und liebevoll mit sich um. Sollte diese fürsorgliche Haltung neu für Sie sein, sehen Sie diese Übung als Experiment, einmal auf andere Art und Weise mit sich und Ihrem Körper umzugehen. Beobachten Sie, was passiert.

Lösen Sie sich bitte von jeglichen Ideen und Vorstellungen über »Erfolg«, »Versagen« oder »es richtig machen«. Darum geht es nicht, und Sie würden sich nur unnötig unter Druck setzen und in Ihrer Wahrnehmung blockieren. Die Übung entfaltet sich für jeden Menschen in seiner eigenen Zeit und persönlichen Wirkungsweise, vollkommen unabhängig von den eigenen Vorstellungen und Wünschen. Sie brauchen den Body-Scan noch nicht einmal zu mögen. Halten Sie sich einfach an die Empfehlung von Jon Kabat-Zinn: »Just do it« – machen Sie es einfach. Und dann schauen Sie, was passiert.

Umgang mit möglichen Schwierigkeiten während der Übung

Es mag sein, dass Sie während der Übung nicht besonders viel von Ihrem Körper spüren. Das ist vollkommen normal. Zu Anfang spüren wir meist nur wenig, manchmal sogar fast gar nichts, außer wir erreichen mit unserer Aufmerksamkeit vielleicht gerade ein schmerzendes Körperteil. Ihr Empfinden wird sich mit der Zeit langsam verfeinern, so dass Sie bei dieser Übung immer mehr und auch differenzierter wahrnehmen werden – auch im Alltag. Das wird Ihnen eine große Hilfe im frühzeitigen Erkennen potenzieller Stresssituationen sein und Ihnen ermöglichen, rechtzeitig zu intervenieren und für sich zu sorgen.

Sollten Sie Schmerzen in einem Körperteil bemerken, erlauben Sie diesem Schmerz, da zu sein, anstatt gegen ihn anzukämpfen. Erforschen Sie ihn und atmen Sie mit der schmerzenden Stelle, ohne den Anspruch zu haben, dass der Schmerz dadurch aufhören sollte. Dies ist eine Übung in Geduld und liebevoller Aufmerksamkeit; eine Übung, bei sich zu bleiben, anstatt wie sonst dem Stressmechanismus zu folgen: die Flucht antreten oder dagegen ankämpfen. Experimentieren Sie und schauen Sie, was passiert, wenn Sie atmend dabeibleiben und dann die Aufmerksamkeit der Anweisung gemäß zum nächsten Körperteil lenken.

Es kann auch sein, dass Sie an manchen Stellen Ihres Körpers gar nichts spüren, auch das ist völlig in Ordnung. Wir können nicht immer überall etwas spüren. Bleiben Sie trotzdem an dieser Stelle und erlauben Sie sich, dort einfach mal Pause zu machen.

Sollten Sie bemerken, dass Sie einschlafen, was gerade am Anfang durchaus häufig der Fall sein kann, bringen Sie sich bewusst wieder zurück in die Wachheit. Erforschen Sie die Veränderungen, die eintreten, wenn Sie einschlafen. Woran können Sie bemerken, dass Sie wegnicken? Wie verändert sich Ihre Gedankenaktivität, Ihre Körperspannung, zucken Sie vielleicht zusammen? Es kann helfen, die Augen zu öffnen oder, bei starker Schlafneigung, lieber eine sitzende Haltung statt eine liegende einzunehmen. Unser Organismus kennt heutzutage kaum noch den Modus entspannter Wachheit. Früher wurde dieser Zustand mit »Muße« bezeichnet, einem wachen und doch entspannten Zustand, einhergehend mit einem Gefühl der Verbundenheit mit dem, was gerade ist, ohne etwas Spezielles tun zu müssen. Diesem nähern wir uns über den Body-Scan wieder an.

So, und nun geht es los. Legen Sie die CD 1 ein, und wählen Sie den Track *Body-Scan.* Folgen Sie einfach den Worten, die Sie hören, so wie es Ihnen gerade möglich ist. Viel Freude dabei! Schreiben Sie nach der Übung Ihre Erfahrungen (auch Ihre Fragen und Schwierigkeiten), die Sie während der Übungen gesammelt haben, in Ihr Notizbuch.

Der Body-Scan – die Übung

Setzen Sie sich oder legen Sie sich bequem hin und machen Sie es sich gemütlich.
Wenn es Ihnen angenehm ist, schließen Sie Ihre Augen. Sie können Sie aber auch geöffnet lassen, was auch immer Ihnen lieber ist.
Wie geht es Ihnen gerade? Sind Sie angespannt von den vergangenen oder noch kommenden Ereignissen des Tages

oder eher ruhig und entspannt, vielleicht müde oder schläfrig? Erlauben Sie sich, dass Sie so sein dürfen, wie Sie jetzt gerade sind.
Kommen Sie ganz bewusst auf Ihrem Platz in der Position an. Fühlen Sie den Boden unter sich. Wie liegt Ihr Körper auf der Unterlage auf? Welche Bereiche Ihres Körpers berühren die Unterlage, und wo können Sie etwas Abstand vom Körper zur Unterlage wahrnehmen?

Richten Sie nun Ihre Aufmerksamkeit bewusst auf den Atem und erlauben Sie sich zu fühlen, wie Ihr Atem ein- und wieder ausströmt … Wie er sanft die Bauchdecke hebt, beim Einatmen … und sanft die Bauchdecke wieder absenkt, beim Ausatmen …
Folgen Sie für einige Augenblicke Ihren Atembewegungen und lassen Sie Ihren Geist sich beim Atem sammeln.

Bemerken Sie, wenn Sie mit den Gedanken abschweifen, träumen oder planen, und bringen Sie sich freundlich, aber auch entschieden wieder zurück zum Spüren des Atems …

Gehen Sie nun mit Ihrer Aufmerksamkeit in einer freundlichen und interessierten inneren Haltung hinunter zu Ihrem linken Fuß … Was können Sie jetzt in diesem Moment an Ihrem Fuß wahrnehmen? Vielleicht ein leichtes Kribbeln an den Zehen, Wärme, Kälte … Vielleicht können Sie auch, je nachdem wie Sie liegen oder sitzen, die Berührung des Bodens unter Ihrem Fuß wahrnehmen, ein leichter Gegendruck … die Schwere der Ferse … Was auch immer es ist, erlauben Sie sich, dass alles genau so sein darf, wie es jetzt gerade ist, ohne es zu bewerten oder gar abzulehnen.

… Lösen Sie sich nun mit dem nächsten Ausatmen von Ihrem Fuß und wenden Sie sich mit freundlicher Aufmerk-

samkeit Ihrem linken Unterschenkel zu. Was können Sie in diesem Moment an Ihrem Unterschenkel wahrnehmen? … Vielleicht die Berührung des Stoffs Ihrer Hose oder Ihres Rocks, die Berührung des Bodens … Vielleicht Wärme oder Kühle … Was auch immer es ist, erlauben Sie sich, es wahrzunehmen, so wie es jetzt gerade ist.

… Lösen Sie sich dann mit dem nächsten Ausatmen von Ihrem Unterschenkel und wenden Sie sich mit freundlicher, interessierter Aufmerksamkeit dem linken Knie zu … Was können Sie wahrnehmen? … Schmerzt es? … Oder geht es ihm recht gut? … Welche Empfindungen können Sie sonst noch an oder in Ihrem Knie wahrnehmen? … Vielleicht können Sie auch gar nichts Bestimmtes wahrnehmen … Auch das ist vollkommen in Ordnung … Bemerken Sie, wenn Ihre Aufmerksamkeit abschweift; vielleicht langweilen Sie sich und beschäftigen sich in Gedanken mit etwas vermeintlich Interessanterem oder Wichtigerem. Das ist eine übliche Reaktion. Bemerken Sie es und bringen Sie sich, auch wenn Sie gerade nichts Besonderes spüren können, zurück mit der Aufmerksamkeit zum Knie. Verweilen Sie dort, erlauben Sie Ihrem Geist, dort Pause zu machen. Es kann durchaus eine Herausforderung sein, unseren Beschäftigungsgeist wieder ans Nichtstun, an Muße, zu gewöhnen.

… Lösen Sie sich nun mit dem nächsten Ausatmen von Ihrem Knie und wenden Sie sich mit freundlicher, neugieriger Haltung dem linken Oberschenkel zu … Was können Sie jetzt, in diesem Moment an Ihrem Oberschenkel wahrnehmen? … Vielleicht eine leichte Spannung der Muskulatur … oder gar Muskelkater vom Sport … Vielleicht ist da aber auch Lockerheit … Entspanntheit … oder auch gar nichts Bestimmtes … Erlauben Sie sich – egal was es ist –, es einfach nur wahrzunehmen, dabeizu-

bleiben und im Spüren bei Ihrem Körper innerlich Pause zu machen.

… Lösen Sie sich mit dem nächsten Ausatmen vom linken Oberschenkel und wenden Sie sich mit freundlicher, interessierter Aufmerksamkeit Ihrem rechten Fuß zu …
Was können Sie jetzt, in diesem Moment an Ihrem rechten Fuß wahrnehmen? An den Zehen … dem Fußrücken … der Fußsohle … der Ferse. Erlauben Sie sich, dass alles so sein darf, wie Sie es jetzt gerade vorfinden, ohne es zu bewerten oder es anders haben zu wollen, als es gerade ist …

… Lösen Sie sich mit dem nächsten Ausatmen von Ihrem Fuß und wenden Sie sich dem rechten Unterschenkel zu … Spüren Sie alle Empfindungen im Unterschenkel … Bemerken Sie, wenn Sie abschweifen, und bringen Sie sich wohlwollend und freundlich wieder zurück in die Präsenz, zurück zu den Empfindungen des rechten Unterschenkels.

… Lösen Sie sich mit dem nächsten Ausatmen von Ihrem Unterschenkel und wenden Sie sich mit wohlwollender und neugieriger Aufmerksamkeit dem rechten Knie zu … Was nehmen Sie hier jetzt gerade wahr? Was können Sie spüren? … Schmerz oder die Abwesenheit von Schmerz? Halten Sie Ihre Aufmerksamkeit sanft und freundlich dabei. Auch wenn Sie nichts Spezielles spüren können, bleiben Sie offen für das, was ist, und erlauben Sie sich, hier absichtslos und ohne Anspruch auf Effektivität zu verweilen. Erlauben Sie Ihrem Geist, beim Knie eine Rast einzulegen.

… Lösen Sie sich mit dem nächsten Ausatmen von Ihrem Knie und wenden Sie sich mit einer freundlichen und offenen Haltung dem rechten Oberschenkel zu … Was neh-

men Sie jetzt, in diesem Moment an Ihrem Oberschenkel wahr? ... Empfindungen der Haut, der Muskulatur und vielleicht auch des Knochens?
Bemerken Sie, wenn Sie abschweifen, und kommen Sie wieder zurück.

... Lösen Sie sich mit dem nächsten Ausatmen von Ihrem rechten Oberschenkel und wenden Sie sich mit freundlicher, interessierter Aufmerksamkeit dem Gesäß zu ... Was können Sie jetzt gerade an Ihrem Gesäß empfinden, wahrnehmen? ... Was taucht auf? ... Ist die Muskulatur locker oder angespannt? ... Vielleicht können Sie auch den Untergrund wahrnehmen, spüren ... wenn Sie liegen, vielleicht die Matte, wenn Sie sitzen, den Stuhl ... Spüren Sie die Festigkeit oder die Weichheit des Untergrunds ...

... Lösen Sie sich mit dem nächsten Ausatmen von Ihrem Gesäß und wenden Sie sich mit Neugier und freundlicher Offenheit dem Lendenwirbelbereich zu ... Was können Sie hier jetzt gerade in diesem Moment wahrnehmen? ... Vielleicht haben Sie in diesem Bereich im Augenblick Schmerzen ... Oder vielleicht war gestern dort Schmerz, und Sie können bemerken, dass heute dort kein Schmerz ist ... Bemerken Sie es, nehmen Sie es wahr in einer offenen und freundlichen inneren Haltung. Es darf so sein, wie es gerade ist, Sie dürfen so sein, wie Sie gerade sind ... Vielleicht taucht auch Ablehnung oder Widerstand auf ... nehmen Sie auch das zur Kenntnis, auch das darf sein und bekommt seinen Platz in der Weite freundlicher Offenheit.

... Lösen Sie sich mit dem nächsten Ausatmen von Ihrem Lendenwirbelbereich und wenden Sie sich mit freundlicher, interessierter Aufmerksamkeit dem oberen Rücken zu ... Was können Sie hier jetzt in diesem Moment wahrnehmen? ... Wie geht es Ihrem Rücken im Augenblick? ...

Vielleicht spüren Sie Spannung oder auch Entspannung ... Was auch immer es ist, nehmen Sie es wahr ... ohne zu bewerten. Einfach nur wahrnehmen ... Erlauben Sie sich, dass es sein darf, wie es ist, auch wenn sich dieses bewusste Annehmen für Sie vielleicht noch etwas künstlich anfühlt ...

... Lösen Sie sich mit dem nächsten Ausatmen von Ihrem oberen Rücken und wenden Sie sich mit einer freundlichen und offenen Haltung dem Brustraum zu ... Was können Sie hier jetzt wahrnehmen? ... Vielleicht spüren Sie, wie der Brustkorb sich mit der Einatmung ausdehnt und mit der Ausatmung wieder zusammenzieht ... Wie fühlen Sie sich dabei? ... Eingeengt oder frei und gelöst? ... Vielleicht können Sie auch spüren, wie Ihr Herz schlägt ... Was auch immer Sie vorfinden, es darf genau so sein. Vielleicht tauchen auch Gefühle auf. Registrieren Sie sie und lassen Sie auch diese Gefühle da sein, ohne jedoch weiter darauf einzusteigen.

... Lösen Sie sich mit dem nächsten Ausatmen von Ihrem Brustraum und wandern Sie mit freundlicher, interessierter Aufmerksamkeit hinunter zum Bauchraum ... Was können Sie jetzt gerade in Ihrem Bauchraum wahrnehmen? ... Vielleicht spüren Sie, wie Ihr Magen und Darm arbeiten ... Verspüren Sie Hunger, oder nehmen Sie ein Gefühl der Sättigung wahr? ... Spüren Sie Anspannung oder Entspannung? ... Schmerzen oder Schmerzfreiheit? ... Beobachten Sie interessiert und neugierig, was gerade geschieht, ohne das, was Sie wahrnehmen, direkt reflexartig als gut oder schlecht, richtig oder falsch zu bewerten. Erlauben Sie sich, das, was Sie wahrnehmen, so sein zu lassen und in schlichtem, unmittelbarem Kontakt mit dem körperlichen Gefühl zu bleiben, ohne sich in Kommentaren und Selbstgesprächen zu verlieren ...

… Lösen Sie sich mit dem nächsten Ausatmen von Ihrem Bauchraum. Wenden Sie sich bewusst Ihren beiden Händen zu … Wie geht es Ihren Händen gerade? Was können Sie wahrnehmen? … Vielleicht sind Ihre Hände kalt oder auch warm, kribbeln … Fühlen sich Ihre Hände gleich an, oder gibt es Unterschiede? Spüren Sie die Empfindungen der Berührung mit dem Untergrund? Was immer es ist – bemerken Sie es, ohne es zu bewerten.

… Lösen Sie sich mit dem nächsten Ausatmen von Ihren Händen und wenden Sie sich mit Neugier und freundlicher Offenheit Ihren beiden Armen zu … Was können Sie an den Armen gerade jetzt wahrnehmen? Wie fühlt sich der rechte Arm an, wie der linke? Ist es vielleicht ein Gefühl von Schwere … oder Leichtigkeit? … Vielleicht spüren Sie auch die Berührungen des Stoffs Ihres Pullovers oder T-Shirts auf Ihrer Haut … Nehmen Sie wahr, was ist, ohne Bewertung … Bemerken Sie, wenn Ihre Aufmerksamkeit abschweift und Ihre Gedanken wandern, vielleicht langweilen Sie sich und der Beschäftigungsgeist sucht nach neuen spannenderen Reizen. Lassen Sie sich darauf nicht ein. Bemerken Sie es einfach und bringen Sie sich, auch wenn Sie gerade nichts Besonderes spüren können, mit Ihrer Aufmerksamkeit freundlich zurück zu Ihren beiden Armen und erlauben Sie sich, Pause bei Ihren Armen zu machen und sich in die Offenheit des Moments hinein zu entspannen.

… Lösen Sie sich mit dem nächsten Ausatmen von Ihren Armen und wenden Sie sich mit einer freundlichen und offenen Haltung dem Schultergürtel zu … Wie geht es gerade Ihren Schultern? … Sind sie angespannt, verspannt sogar … schmerzen oder kribbeln sie? … Oder sind sie locker und gelöst … warm oder kühl? … Betrachten Sie, was ist, ohne zu bewerten …

… Lösen Sie sich mit dem nächsten Ausatmen von Ihrem Schultergürtel und wenden Sie sich mit wohlwollender und neugieriger Aufmerksamkeit dem Hals zu … Was können Sie jetzt in diesem Moment an Ihrem Hals wahrnehmen, was empfinden Sie hier? … Ist die Muskulatur locker … oder angespannt? … Spüren Sie Wärme oder Kälte? … Schmerzen oder Schmerzfreiheit? … Was immer es ist, nehmen Sie es wahr, wertfrei …, so wie es gerade ist … einfach eine kleine Bestandsaufnahme des Momentes Jetzt …

… Lösen Sie sich mit dem nächsten Ausatmen von Ihrem Hals und wenden Sie sich bewusst dem Gesicht zu … Was können Sie hier wahrnehmen? Ist Ihre Mimik vielleicht angespannt, fühlt sie sich hart an? … Oder ist sie locker und gelöst, weich? … Was können Sie in der Kiefermuskulatur wahrnehmen? … Spannung oder Entspannung? … Was nehmen Sie an Ihren Augen wahr? … Was an Ihrer Stirn? …

… Lösen Sie sich mit dem nächsten Ausatmen von Ihrem Gesicht und wenden Sie sich mit freundlicher und neugieriger Aufmerksamkeit dem gesamten Kopfraum zu. Nehmen Sie Ihren Kopf als Ganzes wahr und alle damit auftauchenden Empfindungen … Was können Sie wahrnehmen? … Vielleicht spüren Sie einen unbestimmten Druck … Schmerzen … vielleicht fühlt sich Ihr Kopf aber auch gerade gelöst und weit an … oder Sie empfinden gar nichts Bestimmtes … Was auch immer es ist, erlauben Sie sich, es wahrzunehmen und anzunehmen, so wie es sich gerade zeigt, ohne es zu bewerten oder anders haben zu wollen, als es ist …

… Dehnen Sie mit dem nächsten Ausatmen Ihre Aufmerksamkeit auf den gesamten Körper aus, so dass Sie

Ihren ganzen Körper, von Kopf bis Fuß, in liebevollem Gewahrsein halten und spüren können … Nehmen Sie wahr, was ist, und erlauben Sie sich, damit zu sein, einfach mit sanfter, liebevoller Präsenz beim Körper zu bleiben, ohne das, was Sie fühlen, zu kategorisieren oder in Worte zu fassen. Erlauben Sie sich, hier mit sich in Verbundenheit zu liegen und sich in Ihrem Körper zu fühlen, so wie es gerade für Sie möglich ist.

… Fühlen Sie, wie Sie atmen. Spüren Sie, wie der Atem einströmt und wieder ausströmt. Genießen Sie für einen Moment den Fluss Ihres Atems durch Ihren gesamten Körper.

Beenden Sie nun die Übung. Nehmen Sie einen tiefen Atemzug, strecken und recken Sie sich, oder machen Sie eine andere Bewegung, die Ihnen guttut. Geben Sie sich Zeit, sich in Ihrem Tempo zu orientieren. Was können Sie hören? Worauf fällt Ihr Blick, wenn Sie die Augen öffnen? Recken und strecken Sie sich noch einmal, vielleicht mögen Sie auch gähnen. Drehen Sie sich auf eine Seite und kommen Sie über diese Seite ins Sitzen. Bleiben Sie für einen Moment sitzen und stehen Sie dann erst langsam und behutsam auf, so dass Ihr Kreislauf Ihnen folgen kann. Und wenn Sie nun in Ihren Alltag zurückkehren, erhalten Sie sich Ihre Aufmerksamkeit, so lange es Ihnen möglich ist …

Übungen für die 1. Woche

1. Üben Sie den Body-Scan mit der CD an 6 Tagen der Woche, und notieren Sie Ihre Erfahrungen Tag für Tag in Ihrem Notizbuch.
2. Essen Sie an den Übungstagen eine Mahlzeit in Achtsamkeit. Wenn eine Mahlzeit Ihre Aufmerksamkeits-Kapazität noch übersteigt, beginnen Sie mit etwas Kleinem wie einem Apfel oder einigen Bissen der Mahlzeit. Nutzen Sie beim Essen möglichst alle Ihre Sinne.
3. Schreiben Sie die Acht Prinzipien der Achtsamkeit auf ein DIN-A4-Blatt, und notieren Sie unter jedem Punkt für Sie relevante, erklärende Stichworte. Hängen Sie dieses Blatt so auf, dass Sie es mehrfach am Tag sehen und sich davon inspirieren lassen können.
4. Lösen Sie folgende Übung: Verbinden Sie die unteren neun Punkte mit nur vier geraden Linien, ohne den Stift abzusetzen oder eine bereits gezogene Linie noch einmal nachzuziehen. Kleiner Tipp: Gehen Sie über Ihr »Kästchendenken« hinaus.

WOCHE 2

Wahrnehmung und Meditation

Reflexion der Erfahrungen der vergangenen Woche

Ihre erste Übungswoche ist nun vorbei. Wie ist es Ihnen ergangen? Geben Sie sich ein wenig Zeit, über die vergangene Woche zu reflektieren. Schreiben Sie Ihre Gedanken und Beobachtungen in Ihr Notizbuch. War es für Sie möglich, an allen sechs Tagen zu üben? Wenn nicht, was hat Sie davon abgehalten? Wenn es für Sie schwierig war, sich diese Zeit zu nehmen, überlegen Sie, was genau Sie selbst tun oder lassen können, damit es Ihnen möglich wird, sich selbst mehr in Ihr Leben einzuplanen und die Übungen durchzuführen. Welche Erfahrungen haben Sie gemacht während des Body-Scans, aber auch während des achtsamen Essens? Was haben Sie über sich gelernt und entdeckt? Sind vielleicht Schwierigkeiten aufgetreten (z.B. Unruhe oder Einschlafen während des Body-Scans), und wie sind Sie damit umgegangen? Konnten Sie die 9-Punkte-Übung lösen? War es leicht, sich vom »Kästchendenken« zu lösen? Welche Erkenntnisse haben Sie aus dieser Übung gewonnen?

Mit Schwierigkeiten umgehen

Eine der wohl am häufigsten anzutreffenden Schwierigkeiten von Teilnehmenden an MBSR-Kursen in der ersten Woche ist die, beim Body-Scan einzuschlafen. Andere quälen sich mit der Frage, ob sie es denn richtig machen, denn sie fühlen vielleicht nicht so viel wie erwartet und beginnen, sich unter Druck zu setzen. Viele erleben auch, dass es für sie gar nicht so leicht ist, mit der Aufmerksamkeit bei den Übungen zu bleiben, und sie ständig in Gedanken abschweifen. Bei anderen taucht quälende Unruhe oder ein fast unerträgliches Kribbeln in den Beinen auf.

Was auch immer geschieht, lassen Sie sich davon nicht beeindrucken, üben Sie einfach weiter. Wenn Sie zum Einschlafen neigen, üben Sie den Body-Scan im Sitzen statt im Liegen, lassen Sie die Augen auf. Achten Sie auf die Uhrzeit. Wenn Sie am späten Abend üben, ist es für Ihren Körper ganz natürlich, einzuschlafen, und Sie arbeiten gegen die Natur. Verlegen Sie den Body-Scan auf einen früheren Zeitpunkt oder gar auf den Morgen. Üben Sie nicht im Bett. Das Bett ist zum Schlafen da, und entsprechend sind Sie konditioniert. Machen Sie es sich stattdessen auf Ihrer Yogamatte auf dem Boden bequem. Wenn Sie merken, dass Sie gedanklich oft abschweifen, bringen Sie Ihre Aufmerksamkeit ohne Kommentar immer wieder zu dem jeweiligen Körperteil zurück. Die gute Nachricht ist: Sobald Sie merken, dass Sie unachtsam sind, sind Sie schon wieder achtsam.

Statt die unangenehmen Körperempfindungen, Gedanken und Gefühle abzuwehren, indem Sie sich darüber ärgern, verzweifeln und ein Drama daraus machen (was Sie nur davon abbringt, achtsam zu sein, und ihnen jede Menge weiterer unangenehmer Gefühle beschert), sollten Sie sich in einer gewährenden inneren Haltung üben. Sagen Sie sich selbst immer wieder: »Okay, so sind die Dinge im Moment. Es darf genau so sein«, und machen Sie weiter. Schauen Sie, was dann passiert. So üben Sie sich darin, wirklich präsent zu bleiben, was auch immer geschieht, und aus der Gewohnheit auszusteigen, gegen alles, was auftaucht, Krieg zu führen und sich so in Ihren Stress noch mehr hineinzusteigern. Die gewährende, annehmende Haltung ist Ihr Schutz vor gedanklichen Dramatisierungs- und Aufschaukelungsprozessen.

Wie wir die Welt wahrnehmen

Das Thema dieser Woche sind unsere Wahrnehmungsprozesse und wie sich dadurch unsere subjektive Wirklichkeit formt.

Wir betrachten die Welt durch unseren ganz persönlichen Filter. Ganz so, als hätten wir eine Brille mit getönten Gläsern auf. Diese Brille ist geformt aus unseren Überzeugungen, vergangenen Erfahrungen, Meinungen, Ideen und Interpretationen. Diese Filter stehen zwischen der Wirklichkeit und uns. Wenn wir uns dessen nicht bewusst sind, verzerren sie die Wirklichkeit, und wir bekommen das noch nicht einmal mit. Durch unsere Erfahrungen und gewohnheitsmäßigen Interpretationen dessen, was wir wahrnehmen, haben sich über Jahre bzw. Jahrzehnte hinweg neurologische Einbahnstraßen gebildet, die uns immer wieder auf die gleichen Lösungsversuche bringen und damit immer gleiche Ergebnisse zeitigen. Es ist gar nicht so leicht, sich von dem eigenen gewohnten Kästchendenken zu verabschieden, wie Sie vielleicht bei der Lösung der 9-Punkte-Übung erlebt haben. Vielleicht haben Sie schon mehrfach versucht, diese Übung zu lösen, sind immer wieder die Punkte mit dem Stift abgefahren und haben das Blatt möglicherweise schließlich Ihren Kindern gegeben, und die haben die Aufgabe dann schnell gelöst. Warum? Weil diese Art des Denkens in Kindern noch nicht so ausgeprägt ist wie bei uns. Aber auch wir können uns davon wieder lösen.

Ein Perspektivwechsel

Vielleicht haben Sie schon einmal erlebt, wie jemand ein Geschehen vollkommen anders erlebte als Sie und seine Wahrnehmung der Dinge so gar nichts mit Ihrer Wahrnehmung gemeinsam hatte, obwohl Sie beide im gleichen Raum in der gleichen Situation anwesend waren.

Achtsamkeitspraxis bedeutet, die aktuelle Situation ohne Filter, ohne Interpretation wahrzunehmen. Es ist eine unmittelbare Übung in kompromissloser Offenheit und Präsenz. Wenn Sie sich dabei erwischen, einer Situation einen Stempel aufzudrücken, oder merken, dass Sie gerade wieder einmal sehr rigide an Ihren Überzeugungen oder Meinungen festhalten, erinnern Sie sich an die Übung der Offenheit, und schauen Sie noch einmal genau hin. Sehen Sie auf der Faktenebene, was ist, ohne zu bewerten beziehungsweise zu verurteilen. Nehmen Sie Kontakt zum unmittelbaren gegenwärtigen Moment auf. Das ist die Übung.

Übung in Offenheit – achtsames Betrachten

Um einen praktischen Geschmack davon zu bekommen, möchte ich Sie zu folgender Übung einladen:

Wählen Sie sich einen sehr alltäglichen Gegenstand aus. Beispielsweise ein Tee-Ei, einen beliebigen Stein, das Blatt einer Pflanze …
Legen Sie den Gegenstand vor sich hin, entweder auf einen Tisch oder den Fußboden. Achten Sie darauf, für die Übung so viel Platz zu haben, dass Sie auch um diesen Gegenstand herumgehen können, wenn Sie wollen.
Setzen Sie sich nun vor den Gegenstand, sammeln Sie Ihre Aufmerksamkeit und betrachten Sie ihn aus ein bis zwei Metern Abstand. Was können Sie sehen? Als erste Antwort mag Ihnen in den Sinn kommen, das Objekt beim Namen zu nennen, beispielsweise: »Ich sehe ein Tee-Ei« oder »Ich sehe einen Stein«. Doch das ist nur der Name. Lösen Sie sich von dem Namen und gehen Sie auf die Ebene der Beschreibung, die Ebene der sinnlichen Wahrnehmung. Wie würden Sie jemandem das beschreiben, was Sie sehen, wenn jemand ein »Tee-Ei« nicht kennt: was für eine Form können Sie sehen, was für eine Farbe, was für eine Oberflächenstruktur oder Beschaffenheit? Lassen Sie sich Zeit. Bewegen Sie sich nun langsam auf das Objekt zu. Wenn es Ihnen nicht möglich ist, sich selbst dem Objekt anzunähern, nehmen Sie es in die Hand und führen Sie es ganz langsam immer näher an Ihr Gesicht heran. Was können Sie wahrnehmen, wenn Sie sich ihm

nähern? Wie verändert sich Ihre Wahrnehmung? Wird vielleicht manches unschärfer, dafür etwas anderes schärfer? Wie verändert sich Ihre Sicht auf die Gesamtsituation, können Sie beispielsweise den Raum um das Objekt, das Zimmer, in dem Sie sich befinden, noch wahrnehmen oder verschwindet es. Gehen Sie so nah an das Objekt heran, bis Sie mit der Nase daran stoßen. Welche Details können Sie jetzt wahrnehmen, welche nun nicht mehr? Können Sie das Objekt riechen?
Entfernen Sie sich nun langsam wieder vom Objekt, so weit, wie Sie mögen. Was tritt im Verlauf dieses Abstandnehmens wieder in Ihren Wahrnehmungsbereich und was verschwindet? Wie verändert sich das Objekt vor Ihnen mit der Entfernung in seiner Größe und seinen Details? Wie verändert sich Ihre Sicht auf die Umgebung, was taucht auf, was verschwindet? Wenn Sie mögen, gehen Sie um das Objekt herum, und nehmen Sie ruhig auch mal ungewöhnliche Perspektiven ein, spielen Sie ein bisschen, experimentieren Sie. Wie sieht es beispielsweise aus, wenn Sie es einmal kopfüber betrachten?

Nehmen Sie sich zum Reflektieren der Übung ein wenig Zeit. Was haben Sie durch diese Übung über Ihren Wahrnehmungsprozess und die Veränderungen der Perspektiven erfahren? Was haben Sie beobachten können? Wenn Sie diese Erfahrungen auf alltägliche Situationen übertragen, was würde dies für Sie bedeuten? Wie würde sich Ihr Alltag verändern? Welche Auswirkungen hätte dies für Ihre Reaktionen auf das, was geschieht? Schreiben Sie Ihre Erfahrungen und Überlegungen dazu auf.

Der Atem

Unserem Atem kommt in der Schulung der Achtsamkeit eine Schlüsselrolle zu. Die Achtsamkeit auf den Atem verhilft uns zu innerer Stabilität und Präsenz und verbindet uns unmittelbar mit dem gegenwärtigen Moment. Das Praktische am Atem ist: Er ist stets da, wo wir auch sind, und steht uns immer zur Verfügung. Meist sind wir uns unseres Atems kaum bewusst. Er ist einfach da und wir spüren ihn kaum. Je mehr wir uns jedoch bewusst unserem Atem widmen, ihn fühlen und beobachten, umso mehr können wir den Atem nutzen, um uns zu zentrieren, und ihn zu unserem Verbündeten, unserem Freund werden lassen, der uns hilft, inmitten aller Krisen, Ängste und Belastungssituationen stabil und präsent zu bleiben.

Der Atem gibt uns auch Aufschluss über unsere Befindlichkeit: Sie können wahrnehmen, wie sich Ihr Atem mit Ihren emotionalen Zuständen, Stimmungen und Gedanken verändert. Beobachten Sie Ihren Atem, können Sie erleben, wie Sie schneller atmen, wenn Sie aufgeregt oder gar wütend sind, flach atmen, wenn Sie Angst haben oder Sie etwas stresst. Ihr Atem stockt, wenn Sie sich erschrecken. Und er geht tief und gleichmäßig, wenn Sie entspannt sind. Dies bewusst zu fühlen hilft Ihnen, sich in aktuellen Situationen zu orientieren und gegebenenfalls angemessene Schritte einzuleiten.

Die Grübel-Aktivitäts-Falle

Vielleicht kennen Sie das Gefühl, fortwährend in Grübeleien und Sorgen verstrickt zu sein, Tag und Nacht einen Permanentkommentator in sich zu hören und sich darin regelrecht zu verlieren. Sie versuchen, alle Gedanken zu Ende zu denken, damit diese endlich aufhören, und allen von Ihren Gedanken diktierten Handlungsimpulsen nachzugehen, damit endlich Ruhe einkehrt. Doch dadurch verschlimmert sich alles nur. Die Gedanken kreisen immer schneller um sich selbst und bilden wiederkehrende Endlosschleifen; das, was Sie tun, reicht unter Umständen nicht aus oder verschlimmert gar die Situation, und Ihr Körper wird immer unruhiger. Das Gefühl, hilflos in einem Hamsterrad gefangen zu sein, was auch immer Sie tun, nimmt zu. Das ist Stress pur!

Den Atem als Anker nutzen

Der Atem ist ein Anker im Jetzt, der uns in dem Moment, in dem wir ihn bewusst fühlen, sofort wieder mit dem aktuellen Moment und unserem Körper verbindet. Die bewusste Ausrichtung auf den Atem ist ein überaus hilfreiches Werkzeug, das Hamsterrad zum Stillstand zu bringen und daraus auszusteigen. Wie?

1. Sie bemerken, dass Sie zu grübeln beginnen, das heißt gedanklich an einem bestimmten Thema hängenbleiben, es immer wieder durchkauen oder es katastrophisieren.
2. Sie fällen in dem Moment, in dem Sie das bemerken, sofort bewusst die Entscheidung, Ihren Atem zu spüren, und stellen
3. unmittelbar den fühlenden Kontakt her, indem Sie Ihre volle Aufmerksamkeit auf die körperliche Wahrnehmung Ihres Atems lenken.

Dies braucht zwar etwas Disziplin und Willenskraft, ist aber sehr effektiv. Auf diese einfache Weise sind Sie sofort wieder mit dem aktuellen Moment verbunden und unterbrechen kontinuierlich den Grübelprozess, bis er sich schließlich auflöst. Sie werden die Erfahrung machen, dass die meisten Handlungsimpulse, die Ihren Gedanken entspringen, unnötig sind. Ebenso werden Sie erleben, dass sich Ihre Gedankenaktivität mit der Zeit auf natürliche Weise beruhigt und sich der innere Zwang auflöst, jedem Gedanken oder Handlungsimpuls zu folgen. Damit erlangen Sie wirkliche Freiheit. Dann können Sie selbst entscheiden, ob Sie der geistigen Regung nachgehen wollen oder nicht, statt zwanghaft jeden Impuls nach dem Motto auszuagieren: »Ich kann nicht anders.«

Eine der Kernübungen zur Schulung der Atemachtsamkeit ist die Atemmeditation. Dabei trainieren Sie sich darin, mit dem Atem in Kontakt zu kommen und ihn bewusst zu fühlen. Sie stärken im Rahmen dieser Meditation auf sanfte und dennoch effektive Art Ihre Fähigkeit, auch im Alltag, außerhalb der Meditationsübung, präsent zu bleiben und sich immer wieder aus aufkommenden Gedanken zurückzuziehen. Somit ist dieses Training auch eine »Anti-Grübel-Technik« und schützt Sie langfristig davor, sich im Alltag zu verzetteln oder auf jeden aufkommenden Reiz sofort anzuspringen und ihm nachzugehen. Warum ist das so?

Meditation und Gehirn

Alles, was wir üben, hinterlässt Spuren in unserem Gehirn: neurologische Schaltkreise, die sich mit jeder Wiederholung der Tätigkeit stärker verknüpfen und ausbilden. Unserem Gehirn ist dabei ziemlich gleich, was wir üben. Wenn Sie also regelmäßig über alles Mögliche grübeln, dann üben Sie Grübeln. Ihr Gehirn baut regelrechte Grübel-Schaltkreise aus, die, im übertragenen Sinne, vierspurigen Autobahnen gleichen und es Ihnen erleichtern, in jeder Situation schnell und ausdauernd zu grübeln. Auch wenn die meisten Menschen heute in einer städtischen, hoch technologisierten und relativ naturfernen Umgebung leben, sind wir immer noch Teil der Natur. Unser Körper ist Natur, und die Abläufe unseres Körpers funktionieren nach den Gesetzmäßigkeiten der Natur. Die Natur ist sehr pragmatisch, sie verschwendet nichts. Wenn etwas nicht mehr gebraucht wird, dann wird es wieder in seine Einzelteile zerlegt und findet in einem anderen Kreislauf seine Verwendung. Gleiches gilt auch für unseren Körper und unser Gehirn. Vielleicht haben Sie schon einmal von »Neuroplastizität« gehört; bezeichnet wird damit die Fähigkeit des Gehirns, sich an veränderte Anforderungen anzupassen. Unsere Fähigkeit zu lernen basiert genau auf diesen Prozessen. Sobald wir etwas Neues lernen, etwas Neues praktisch tun oder es uns plastisch vorstellen, nimmt die Hirnsubstanz in den entsprechenden Bereichen zu. Dabei werden neuronale Verknüpfungen und die substanzielle Dichte der Hirnbereiche abgebaut, die nicht mehr benötigt werden, und neue neuronale Verschaltungen geschaffen. Gedanken erschaffen Realität. So nutzen Sportler schon seit langem diese Fähigkeit des Gehirns, indem Sie sich über ihre

Vorstellungskraft trainieren. Sie stellen sich jeden einzelnen Bewegungsablauf so vor, als würden sie ihn gerade ausführen. In ihrer Vorstellung sind sie dann in der Bewegung und fühlen genau, wie es ist, diese Bewegung auszuführen. Dieses Vorstellen schafft exakt die Verknüpfungen im Gehirn, die der Körper zum Ausführen der Bewegung braucht. Die moderne Lernforschung macht sich diese neurologischen Vorgänge zunutze. Unser Gehirn lernt am besten, wenn ein neuer Inhalt (beispielsweise eine Vokabel) mit einem Bild oder einer Szene, einem dazu passenden Gefühl, einer Bewegung sowie einer Position im Raum assoziiert wird. Diese Komponenten gemeinsam zu aktivieren bewirkt eine große neuronale Stimulierung und führt zu einer starken, leicht abrufbaren Verknüpfung, mit dem Effekt, dass das neue Wissen durch die Aktivierung schon einer einzelnen der Komponenten schnell wieder aufgerufen werden kann.

Kommen wir jetzt wieder zurück zum Grübeln: Beim Grübeln lassen wir nicht einfach nur ein paar Fakten auftauchen, über die wir konstruktiv nachdenken. Vielmehr laufen ganze Szenen ab. Dialoge werden geführt, Gefühle mobilisiert, wir schreiten imaginär durch Landschaften und Räume, und unser Körper spannt Muskeln an, ballt seine Fäuste, reagiert mit Verspannungen, Herzklopfen, Tränen. Wir erleben dieses geistige Kino, als wäre es real. Wir üben Grübeln, ohne dass uns das bewusst ist, und dies führt zu Verknüpfungen im Gehirn, die uns in jeder Situation auf die Fähigkeit des Grübelns und die entsprechenden quälenden Inhalte leichter zurückgreifen lassen. Und mehr noch: Je stärker Gefühle mit aktiviert werden, umso kräftiger wird die Verknüpfung. Die neurologischen Schaltkreise der Gefühle (wie Zorn, Wut, Hass, Eifersucht, Angst, Hilflosigkeit) werden gleich mit angelegt, verstärkt und damit schnell abrufbar. Dadurch entstehen Wahrnehmungs- und Reaktionsgewohnheiten, die unsere Sicht auf die Welt prägen und einfärben, wir aber fatalerweise für Realität halten. Das lässt uns immer schneller in Rage und damit Stress geraten, selbst in eigentlich unbedeutenden Situationen. Mit jeder so gearteten Reaktion verstärkt sich der Schaltkreis, damit auch das neurologische Wahrnehmungs- und Reaktionsmuster und verzerrt alle zukünftigen Situationen umso mehr. Konsequenz: Wir entfernen uns immer weiter von der Realität und unser Stress chronifiziert.

Die Natur wertet nicht, genauso wenig unterscheidet die Substanz unseres Gehirns, ob das, was wir üben, hilfreich für unsere Lebenssituation ist oder nicht. Wir selbst müssen diese Entscheidung treffen, was wir für uns als adäquat und heilsam befinden. Es liegt also an uns, wie wir unser Gehirn nutzen und ausbilden wollen. Denn diese neurologischen Lernvorgänge funktionieren genauso mit geistigen Qualitäten wie Aufmerksamkeit, Gleichmut, Freude, Liebe und Warmherzigkeit. Über unsere Gedankenaktivität schaffen wir unsere persönliche Wirklichkeit. Das ist nichts esoterisch Mystisches, sondern ein natürlicher Vorgang. Und da wir diesen Gesetzmäßigkeiten der Natur unterliegen, können wir sie uns auch zunutze machen und das üben, was uns dauerhaft der Realität näherbringt und uns hilft, mit unserem Leben auf heilsame und förderliche Weise umzugehen. Wenn Sie sich darin üben, immer wieder aus den Grübelschleifen auszusteigen, stellt Ihnen Ihr Gehirn genau die Verknüpfungen zur Verfügung, die Ihnen das ermöglichen. Üben Sie sich darin, präsent beim Atem zu bleiben und ihn zu fühlen, bildet Ihr Gehirn die Verschaltungen der willentlich gelenkten Aufmerksamkeit und damit der Präsenz aus, auf die Sie immer zurückgreifen können. Eigentlich ist es ganz einfach: Üben Sie sich in Präsenz, und Sie werden präsenter. Üben Sie sich in Zerfahrenheit und Verzetteln, und Sie werden zerfahrener und sich immer mehr verzetteln.

Damit Sie in Ihrem Alltag von der Präsenz profitieren können, möchte ich Ihnen hier jetzt die zweite Kernübung des MBSR-Programms vorstellen, die Achtsamkeitsmeditation auf den Atem.

Die Achtsamkeitsmeditation auf den Atem

Vorbereitung: Je nach persönlichen Möglichkeiten können Sie auf einem Stuhl, einem Meditationskissen oder -bänkchen sitzen. Wo auch immer Sie sitzen, achten Sie darauf, dass Ihr Rücken gerade aufgerichtet, der Brustraum offen, der Nacken lang und das Kinn etwas nach unten geneigt ist. Wenn Sie Ihr Becken leicht nach vorne kippen, wird es Ihnen möglich sein, den Rücken ohne Muskelkraft gerade zu halten. Sollten Sie auf einem Stuhl sitzen, können Sie mit dem Gesäß etwas auf die Kante des Stuhls rutschen, so dass Ihr Becken beweglich ist. Wenn Sie zu Rückenschmerzen neigen bzw. sehr erschöpft sind, rutschen Sie auf dem Stuhl ganz nach hinten, so dass Ihr Rücken sich gerade an die Rückenlehne anlehnen kann. Zur Unterstützung des Lendenwirbelbereichs können Sie sich auch ein kleines Kissen zwischen Lehne und Lendenwirbelbereich legen. Das unterstützt die natürliche Wölbung der Wirbelsäule und ihre Aufrichtung. Sollten Sie bemerken, dass Ihre Füße den Kontakt zum Boden verlieren, legen Sie sich einfach eine gefaltete Decke unter die Füße.

Hier Illustrationen der empfehlenswerten Sitzpositionen:

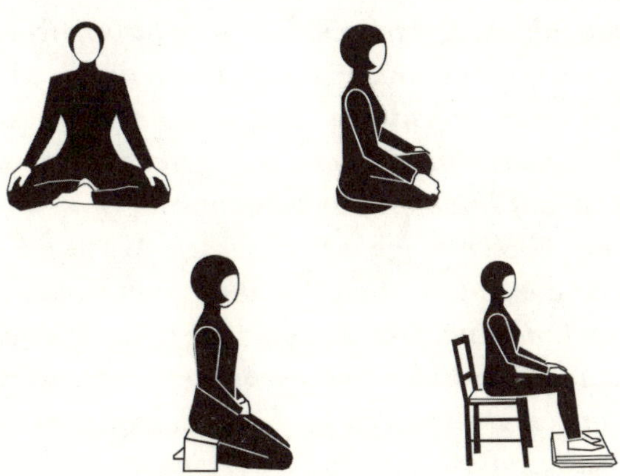

Sie können die Augen schließen oder geöffnet lassen. Schauen Sie bei geöffneten Augen an Ihrer Nasenspitze entlang mit einem weichen Blick zum Boden. Ihren Blick sollten Sie ca. 2–3 Meter vor sich auf den Boden richten, ohne etwas Bestimmtes zu betrachten.

Lassen Sie Ihre Hände mit den flachen Handflächen nach unten auf den Beinen ruhen. Wenn Sie es etwas traditioneller haben möchten, dann legen Sie Ihre Hände wie Schalen ineinander, die Daumenspitzen berühren sich dabei leicht und die Hände ruhen vier Finger breit unter dem Bauchnabel im Schoß. Sollte diese Haltung Spannung in Ihren Schultern verursachen, legen Sie sich eine Decke in den Schoß und Ihre Hände darauf ab.

Nach diesen Vorbereitungen kann es nun losgehen. Legen Sie die CD 1 ein, und wählen Sie die *Achtsamkeitsmeditation auf den Atem.*

Die Achtsamkeitsmeditation auf den Atem

Lassen Sie sich in einer aufrechten und würdevollen Haltung auf Ihrem Meditationsplatz nieder und geben Sie sich Zeit, auf Ihrem Platz anzukommen. Wie fühlen Sie sich gerade? Sind Sie ruhig oder gestresst? Was auch immer Sie gerade fühlen, es darf genau so sein. Sie brauchen weder entspannt noch besonders ruhig zu sein für die Meditation. Meditation bedeutet einfach sein mit dem, was ist. Erlauben Sie sich mit all dem, was gerade in Ihnen gegenwärtig ist, auf Ihrem Sitz anzukommen.

Lassen Sie Ihre Gesichtszüge weich werden. Wenn möglich, lassen Sie die Augen offen. Ihr Blick ruht sanft ca. 2–3 Meter vor Ihnen auf dem Boden, ohne etwas Spezielles zu betrachten. Die Lider sind leicht abgesenkt. Sollte dies am Anfang zu anstrengend für Sie sein, schließen Sie die Augen zwischendurch immer wieder einmal.

Lösen Sie eventuell vorhandene Spannungen in Ihren Schultern und lassen Sie sie nach hintenunten sinken. Sie können dies unterstützen, indem Sie einatmend die Schultern noch einmal bis zu den Ohren hochziehen und dann ausatmend langsam nach hintenunten sinken lassen ... Lassen Sie Ihre Arme und Hände weich werden. Auch Ihr Bauch darf weich werden und sich etwas nach vorne wölben, wenn Ihnen das angenehm ist.
Dann nehmen Sie ganz bewusst Kontakt zu Ihrem Sitz auf. Spüren Sie die Kontaktpunkte vom Gesäß zum Kissen, Bänkchen oder Stuhl, die Auflagefläche der Füße oder Beine auf dem Boden ... Verbinden Sie sich bewusst mit dem stützenden und haltenden Erdelement, dem festen und sicheren Sitz ... Dann verbinden Sie sich mit dem Raumelement, das sie umgibt. Spüren Sie, wie Ihr Oberkörper sich aus dem Becken heraus in den Raum aufrichtet ... umgeben ist von Raum und Teil des Raumes ist, jedoch im sicheren Kontakt mit der Erde ... Für die Meditation brauchen wir beides, die Erdung und das Raumhafte, in dem alle Phänomene auftauchen und wieder vergehen.

Spüren Sie dann ganz bewusst in Ihren gesamten Körper hinein. Wo in Ihrem Körper können Sie noch Anspannung feststellen? Erlauben Sie Ihrem Körper, mit jedem Ausatmen immer weicher zu werden, mit jedem Ausatmen immer mehr Spannung loszulassen, so dass Sie mit Ihrem ganzen Gewicht vollkommen auf Ihrem Sitz ankommen. Ihr Sitz trägt Sie, die Erde trägt Sie, ohne dass Sie etwas dafür tun müssen. Ihr Rücken bleibt als Achse aufgerichtet, die Haltung bewahrt weiter ihre würdevolle und klare Ausrichtung. Nur die Muskulatur Ihres Körpers löst sich immer mehr. Es ist leichter, mit einem gelösten Körper zu sitzen als mit einem verkrampften ...

Nehmen Sie Kontakt zu Ihrem Atem auf. Geben Sie sich etwas Zeit, Ihren Atem zu erforschen. Wo spüren Sie Ihren Atem gerade? An der Nasenspitze, wo sich vielleicht ein zarter Lufthauch bemerkbar macht? … Oder vielleicht in der Kehle, wo der Atem den Rachen kühlt? … Im Brustraum, der sich mit dem Einatmen weitet? … Oder im Bauch, der sich beim Einatmen nach vorne wölbt und beim Ausatmen wieder einzieht? Fühlen Sie in jede Stelle hinein.

Entscheiden Sie sich nun für die Stelle, an der es Ihnen leichtfällt, den Atem zu fühlen, und verankern Sie dort Ihre Aufmerksamkeit. Richten Sie bewusst Ihre volle Aufmerksamkeit freundlich und wohlwollend auf die Empfindungen Ihres Atems an Ihrem bevorzugten Atempunkt und beginnen Sie zu fühlen, wie er dort vorbeiströmt oder sich der Bereich ausdehnt und wieder zusammenzieht. Atemzug für Atemzug, Moment für Moment. Bringen Sie Ihren Geist vom vielen Herumstromern heim zu Ihrem Atem. Lassen Sie ihn sich dort langsam einfinden und niederlassen …

Bemerken Sie, wenn Ihre Aufmerksamkeit abschweift und Ihr Geist zu wandern beginnt, Sie anfangen, nachzudenken, zu planen oder zu träumen. Lassen Sie sich darauf nicht ein. Bringen Sie Ihre Aufmerksamkeit, sobald Sie dies bemerken, in entschiedener Freundlichkeit, ohne Kommentar ganz schlicht wieder zum Fühlen des Atems zurück … Wenden Sie sich immer wieder entschieden von den Gedankenvorgängen ab, so als würden Sie innerlich auf dem Absatz kehrtmachen. Richten Sie Ihre Aufmerksamkeit wieder bewusst auf das Fühlen Ihres Atems. Immer und immer wieder … Selbst wenn es gefühlte eine Million Mal sind, dann haben Sie eben eine Million Mal trainiert, zurück zu Ihrem Atem zu kommen, und das wird Früchte tragen.

Gedanken werden nie zu Ende gedacht sein. Dem einen folgt sofort der nächste. Seien Sie freundlich und wohlwollend zu sich, aber auch entschieden. Kehren Sie immer wieder zu Ihrem Atem zurück. Entscheiden Sie sich ganz bewusst dafür, mit Ihrer Aufmerksamkeit bei der vollen Länge des Einatmens präsent zu bleiben und ihn zu fühlen. Dann entscheiden Sie sich von neuem, auch bei der vollen Länge des Ausatmens bewusst dabeizubleiben und den Atem zu fühlen. Atemzug für Atemzug. Moment für Moment. Erlauben Sie Ihrem Geist, auf dem Atem zur Ruhe zu kommen und sich eine Pause vom vielen Planen und Grübeln zu gönnen. Er darf sich auf dem Atem niederlassen und ausruhen wie auf einer Insel im unaufhörlichen Strom der Gedanken. Auf diese Weise wird Ihr Geist sich mit der Zeit beruhigen und klären, so wie Teeblätter sich in frisch aufgebrühtem Tee langsam absenken, wenn man ihn nicht dauernd umrührt …

Immer wenn Sie bemerken, dass Sie abgelenkt sind bzw. abschweifen, wenden Sie sich entschieden von den Gedanken ab und bringen Sie sich freundlich, wohlwollend und geduldig wieder zu Ihrer Atmung zurück.

Um die Übung zu beenden, recken und strecken Sie sich. Strecken Sie Ihre Beine aus, lockern Sie sie, und wenn Sie nun aufstehen, bewahren Sie sich die Aufmerksamkeit der Meditation für Ihre kommenden Aktivitäten.

Üben Sie die Meditation maximal eine Woche mit dieser Anleitung. Dann sollten Sie sie selbständig ohne CD üben. Die Anleitung ist vergleichbar mit einer »Krücke«. Machen Sie sich so früh wie möglich unabhängig davon. Auf diese Weise werden Sie die Meditation unabhängig von dem Vorhandensein eines CD-Spielers überall üben können. Wenn Sie zu Anfang noch nicht ganz auf diese Anleitung verzichten möchten, stoppen Sie die CD zwischendurch immer mal wieder und üben Sie selbständig 2–3 Minuten ohne Anleitung, dann fahren Sie mit der angeleiteten Meditation wieder fort. Experimentieren Sie damit. Sollte Ihnen die Zeit insgesamt zu lang werden, beenden Sie die Meditation einfach. Sie können nichts falsch machen, solange Sie sich bemühen, immer wieder mit Ihrer Aufmerksamkeit zum Atem zurückzukommen.

Sehen, was ist – Achtsamkeit im Alltag üben

Unser gewöhnlicher Alltag mit all seinen Herausforderungen gibt uns einen großen Spielplatz voller Möglichkeiten, Achtsamkeit zu üben, und zwar genau unter den Bedingungen, für die wir diese Fähigkeit brauchen. Es mag schwierig sein, in der Meditation präsent beim Atem zu bleiben, doch die wahre Herausforderung ist, diese Präsenz auch im Alltag aufrechtzuerhalten. Schnell fallen wir in unsere Gewohnheitsmuster zurück und sehen die Welt wieder durch den Filter unserer Meinungen, Ideen, Bewertungen, Erfahrungen und Wünsche. Wir können durchaus so weitermachen, ab und zu ein bisschen meditieren, aber ansonsten so weiterleben wie bisher. Die Praxis der Achtsamkeit wird aber erst dann wirklich fruchtbar, wenn wir formale Praxis wie Meditation und Body-Scan mit der informellen Praxis im Alltag verbinden. Informell im Alltag praktizieren bedeutet nichts anderes, als sich während des Tages immer wieder an eine präsente innere Haltung zu erinnern, bewussten Gebrauch von unseren Sinnen zu machen und gewahr zu sein, wenn wir wieder unseren Träumen über die Wirklichkeit auf den Leim gegangen sind und uns gerade mal wieder darüber ärgern, dass Traum und Wirklichkeit nicht übereinstimmen. Die Acht Prinzipien der Achtsamkeit, die Sie in der letzten Woche kennengelernt haben, bekommen hier verstärkt Bedeutung. Sie verhelfen Ihnen zu einem direkten Kontakt mit dem Hier und Jetzt, und Sie werden sich so leichter dabei ertappen können, wenn Sie mal wieder mit Ihren Vorstellungen und Interpretationen der Wirklichkeit davongeeilt sind.

Eine wunderbare Übung für den Alltag ist, all das, was wir tun, bewusst und ausschließlich zu tun.

Achtsamkeit versus Multitasking

Viele unserer Tätigkeiten haben wir mit einer gewissen Regelmäßigkeit zu verrichten. Meistens wollen wir sie möglichst schnell hinter uns bringen. Vielleicht versuchen wir auch, mehrere Dinge gleichzeitig zu erledigen, wie morgendliches Zähneputzen, dabei die Küche aufräumen und noch mal eben schnell einhändig die Kaffeetasse abspülen. Dieses Multitasking setzen wir fort, indem wir E-Mails lesen, während wir telefonieren, Daten im Computer eingeben, während wir unser Brötchen essen, Zeitung lesen, während wir uns auch noch die Nachrichten im Fernsehen anschauen. Auch wenn sich das Gerücht von der menschlichen Multitasking-Fähigkeit hartnäckig hält, die Hirnforschung hat längst herausgefunden, dass unser Hirn zwar sehr rasch Informationen verarbeiten und sehr schnell von einem Hirnbereich in den nächsten wechseln kann, doch eine gleichzeitige Verarbeitung der Daten vermag unser Gehirn nicht zu leisten. Es macht tatsächlich alles immer nur nacheinander, dann aber sehr effektiv. Wir arbeiten also komplett wider unsere natürlichen Hirnprozesse, wenn wir den Fähigkeiten eines Computers nacheifern und alles gleichzeitig erledigen möchten. Dies geht zu Lasten der Schnelligkeit und Qualität unserer Arbeit, da sich unser Gehirn immer wieder neu auf die zu bearbeitende Sache einstellen muss. Statt effektiv zu arbeiten, schleichen sich Fehler ein, die wir vielleicht noch nicht einmal mitbekommen, weil alle unsere Wahrnehmungskanäle belegt sind. Ähnlich wie bei einer verstopften Autobahn zur Rushhour, auf die immer neue Autos auffahren wollen, ist unser Hirn voll und ganz damit beschäftigt, alle Informationen irgendwie unterzubringen. Dazu kommt noch, dass wir uns um die Missgeschicke und Fehler kümmern müssen, die dadurch entstanden sind.

Es ist kein Wunder, dass Sie sich bei einer solchen Dauerüberlastung Ihrer Hirnkapazität irgendwann vollkommen müde, gestresst und ausgelaugt fühlen. Ein bekanntes Phänomen bei Langzeitstress oder bei einem Burnout ist eine »Stress-Demenz« – Sie können sich plötzlich nichts mehr merken, sich nicht mehr konzentrieren. Ihr Hirn streikt. Keine Sorge, diese Form der Demenz bildet sich wieder zurück, doch Ihr Hirn braucht Zeit, um sich zu regenerieren. Dazu bedarf es einer Reduktion der Belastung und einer hirngerechten Arbeitsweise. Die Übung der Achtsamkeit kann Ihnen helfen, Ihr Leben und Ihre Aufgaben hirngerecht zu leben. Wie?

Achtsamkeit im Alltag üben

Suchen Sie sich eine einfache alltägliche Tätigkeit aus wie beispielsweise Schuhe anziehen, Zähne putzen, duschen, Haare waschen, Geschirr spülen oder Brot schmieren. Führen Sie eine Woche lang diese eine Tätigkeit in voller Bewusstheit durch. Bleiben Sie mit Ihrer gesammelten Aufmerksamkeit bei der Tätigkeit. Sie brauchen Sie nicht unbedingt langsamer durchzuführen als sonst, außer Sie haben das Gefühl, dass dies für Ihr Tun förderlich ist. Entscheidend ist Ihr Grad an Bewusstheit dabei. Werden Sie ungeduldig? Möchten Sie, dass es schnell erledigt ist? Was passiert mit Ihrer Ungeduld, wenn Sie entscheiden, sich voll und ganz auf diese Tätigkeit einzulassen? Bemerken Sie, wenn Sie abschweifen, und bringen Sie sich bewusst wieder zurück zu Ihrem Tun. Nutzen Sie Ihre Sinne, um sich wieder mit dem Hier und Jetzt zu verbinden. Fühlen Sie beispielsweise bewusst das warme Wasser auf Ihren Händen, wenn Sie die Tasse spülen, riechen Sie den Duft des Shampoos, wenn Sie sich die Haare waschen. Bemerken Sie, wenn Sie Annahmen oder Phantasien über Ihr Tun entwickeln. Seien Sie sich bewusst, dass dies lediglich Gedanken sind, Phantasien und (Alp-)Traumbilder, die keinerlei Wirklichkeit haben, Sie jedoch, wenn Sie ihnen folgen, von dem, was wirklich ist, entfernen. Steigen Sie bewusst aus diesen Gedanken aus, indem Sie wieder Ihre Sinne und den Atem nutzen, um unmittelbaren

Kontakt mit dem, was Sie gerade wahrnehmen, herzustellen. Üben Sie sich darin, immer wieder eine neugierige, offene Haltung einzunehmen und sich dem zu widmen, was sie sehen, fühlen, riechen und schmecken. Erinnern Sie sich an die Wahrnehmungsübung, bei der Sie mit dem Tee-Ei oder einem anderen alltäglichen Gegenstand experimentiert haben. Versuchen Sie immer wieder zu dieser offenen Geisteshaltung zurückzufinden, in der alles so sein darf, wie es sich gerade zeigt, ohne Wertung, ohne Interpretation.

Übungen für die 2. Woche

1. Üben Sie den Body-Scan mit der CD an 6 Tagen der Woche, und notieren Sie Ihre Erfahrungen Tag für Tag in Ihrem Notizbuch.
2. Üben Sie die Achtsamkeitsmeditation auf den Atem mit der CD an sechs Tagen der Woche. Machen Sie sich so früh wie möglich unabhängig von der CD. Wenn Sie die Atemmeditation ohne CD üben, reichen 15 Minuten. Sollte dieser Zeitraum anfangs Ihre Fähigkeit, aufmerksam zu bleiben, übersteigen, unterteilen Sie ihn in 5-Minuten-Abschnitte. Stellen Sie sich dafür einen Timer. Dazwischen machen Sie eine kleine Pause, strecken und recken sich, lassen Ihren Blick einmal von rechts nach links und von links nach rechts über die Zimmerdecke streifen und nehmen dann wieder Ihre Meditationsposition ein. Die Pause dauert damit noch nicht einmal eine Minute, hilft Ihnen aber, wieder klar zu werden. Es geht hier nicht darum, möglichst lange in der Sitzposition verharren zu können, sondern um die Qualität Ihrer klaren Aufmerksamkeit. Würden Sie nur fünf Minuten präsent sein können und die restlichen Minuten in Dumpfheit und mit Grübeln verbringen, ist Ihnen nicht geholfen. Sie würden die neurologischen Verschaltungen der Klarheit, an denen Sie

für fünf Minuten gewirkt haben, durch die Übung in Dumpfheit wieder schwächer. Das wäre schade. Für kurze Zeit mit klarem Geist sitzen und das öfter bringt Ihnen schneller einen klaren Geisteszustand als einfach nur langes Rumsitzen.[5] Mit wachsender Geübtheit und Aufmerksamkeit können Sie den Zeitraum dann ausdehnen.

3. Suchen Sie sich eine Tätigkeit (z.B. Schuhe anziehen, Geschirr spülen, Zähne putzen, Haare waschen, Müll rausbringen, Ihren Kindern vorlesen), die Sie täglich ausführen, und tun Sie sie in Achtsamkeit.
4. Schärfen Sie Ihre Wahrnehmung. Achten Sie bewusst jeden Tag auf kleine Ereignisse, die Ihnen angenehm erscheinen. Wählen Sie am Ende des Tages eines dieser Ereignisse aus und beschreiben Sie es in Ihrem Notizbuch. Nutzen Sie zur Erforschung des Ereignisses und Ihrer Wahrnehmung die folgende Tabelle:[6]

Angenehme Erlebnisse

	Montag	Dienstag	Mittwoch	Donnerstag	Freitag	Samstag	Sonntag
Beschreiben Sie Ihr Erlebnis kurz in Stichworten.							
Waren Sie sich des angenehmen Erlebnisses während des Geschehens bewusst?							
Was haben Sie körperlich während des Erlebnisses wahrgenommen?							
Welche Stimmungen, Gefühle und Gedanken konnten Sie während des Erlebnisses wahrnehmen?							
Welche Gedanken, Körperempfindungen und Gefühlsregungen nehmen Sie JETZT, während Sie schreiben, wahr?							

WOCHE 3

Grenzen erforschen

Reflexion der Erfahrungen der vergangenen Woche

Ihre zweite Übungswoche ist nun vorbei. Wie ist es Ihnen ergangen? Konnten Sie in dieser Woche an jedem der sechs Tage üben? Wenn nicht, was hat Sie davon abgehalten, und wie können Sie zukünftig sicherstellen, dass Sie Ihre Übungszeit einhalten? Finden Sie konkrete Lösungen. Welche Erfahrungen haben Sie während des Body-Scans gemacht, und wie sind Sie damit umgegangen? Was haben Sie in der Meditation erlebt? Ist sie Ihnen leichtgefallen, oder sind Schwierigkeiten aufgetreten? Wie sind Sie damit umgegangen? Welche Alltagstätigkeit haben Sie sich ausgesucht? Haben Sie sich daran erinnert, diese in Achtsamkeit zu tun? Welche Erfahrungen bzw. Beobachtungen konnten Sie machen? Haben Sie jeden Tag ein angenehmes Ereignis gefunden? Was konnten Sie dabei über sich selbst und Ihre Wahrnehmungsgewohnheiten lernen? War es Ihnen möglich zu merken, wenn sich etwas Angenehmes ereignete? Woran haben Sie das bemerkt? Veränderte sich Ihr Körpergefühl, Ihre Stimmung? Welche innere Voraussetzung musste da sein, damit das Angenehme Sie überhaupt erreichte? Vielleicht eine Bereitschaft oder Offenheit, die Erinnerung an Achtsamkeit?

Umgang mit Schwierigkeiten

Erfahrungsgemäß wird die Übung der Meditation sehr unterschiedlich erlebt. Während die einen tiefe Ruhe und Entspannung erfahren, erleben andere quälende Unruhe, eingeschlafene Füße, Rückenschmerzen und statt Klarheit eine wildgewordene Affenhorde im Kopf, die nahezu alles aus der Büchse der

Pandora hervorkramt und gerade in dieser Zeit durchkauen möchte. Von Ruhe keine Spur. »Klappt nicht, Meditation ist nichts für mich«, mögen Sie dann denken und sehr verlockt sein, die Meditation aufzugeben und Ihr Meditationskissen wieder zu verkaufen. Doch auch hier gilt: Lassen Sie sich davon nicht erschrecken oder gar entmutigen. Schwierigkeiten gehören zur Praxis. Sie sind die Trainingsanreize, die Sie brauchen, damit Sie (wenn Sie weitermachen) für die Herausforderungen und kniffligen Situationen des Alltags gerüstet sind. Was können Sie tun? Meistens handelt es sich um eine Erstverschlimmerung. Viele erleben hier das erste Mal, wie gestresst sie wirklich sind, wie erschöpft, wie nervös und dass sie sich dauernd über alles Mögliche Gedanken machen. Solange wir mit allem Möglichen beschäftigt sind, wird uns kaum bewusst, was mit uns los ist. Die Meditation gibt uns den Raum, dass es sich zeigen kann. Bewahren Sie Ruhe und machen Sie einfach weiter, ohne das, was sich in Ihnen abspielt, zu kommentieren, zu bewerten oder ein Drama daraus zu machen. Es sind schlicht Phänomene, die auftauchen und sich im Laufe der Praxis verändern, vielleicht sogar verschwinden, wenn Sie sich nicht hineinsteigern oder dagegen ankämpfen. Nehmen Sie sich so an, wie Sie gerade sind. Müde vielleicht, mit Chaos im Kopf. Beste Zeit für die Praxis. Nutzen Sie die annehmende innere Haltung, um die es auch beim Body-Scan ging: »Es darf alles so sein, wie es ist.«

Wenn Ihnen Ihre Füße oder Beine einschlafen oder Ihr Rücken schmerzt, kann es helfen, wenn Sie Ihre Sitzposition etwas erhöhen. Legen Sie sich dazu eine gefaltete Decke oder ein weiteres kleines Kissen auf Ihr Meditationskissen oder -bänkchen. Sie brauchen sich nicht zu quälen. Es kann auch sein, dass die gewählte Sitzposition einfach nicht Ihren körperlichen Anlagen entspricht. Es mag zwar sehr spirituell-romantisch anmuten, auf dem Boden im Schneidersitz zu meditieren, doch für viele Menschen in unseren Breitengraden ist das eine sehr ungewohnte Position. Wechseln Sie ruhig auf einen Stuhl, wenn sich Ihr Körper darauf besser entspannen kann. Sind Sie sehr erschöpft oder haben Sie starke Rückenschmerzen, dann kann es Ihnen Erleichterung verschaffen, sich anzulehnen. Achten Sie hier jedoch darauf, dass Ihr Rücken weiterhin gerade und weder nach vorne noch nach hinten geneigt ist.

Gedanken sind die Freunde der Meditierenden. Sie sind für uns wie kleine (oder auch große) Hanteln, mit denen wir uns in Präsenz trainieren können. Ohne Ablenkung kein Training. Es läuft nichts schief, wenn Sie in der Meditation Gedanken haben. Das ist ganz normal. Es wird in Ihnen Gedankenaktivität geben, bis Sie sterben. Es geht lediglich darum, nicht an den Gedanken kleben zu bleiben oder gar mit ihnen zu diskutieren. An einem Tag ist viel los, an einem anderen etwas weniger, dann wieder etwas mehr. Betrachten Sie Gedanken als vorüberziehende Phänomene. Immer wenn Sie merken, dass Sie festhängen, bringen Sie Ihre Aufmerksamkeit bewusst und entschieden zurück zum Fühlen Ihres Atems. Und das ohne jeglichen Kommentar. Widerstehen Sie der Verlockung, nur mal eben schnell einen Gedanken noch zu Ende zu denken. Er wird nie zu Ende gedacht sein, da ihm sofort der nächste folgt. Eine unendliche Geschichte also. Sollten Sie das Gefühl haben, diesen Gedanken dürften Sie nicht vergessen, schreiben Sie ihn sich auf einen Block, den Sie für diese Fälle neben Ihrem Platz deponieren sollten. So entkommen Sie der unerfüllbaren Aufgabe, sich von einem Gedanken zu lösen, den Sie aber auch nicht vergessen wollen. Das klappt nämlich nicht. Entweder Sie lösen sich, oder Sie behalten den Gedanken in Ihrer geistigen Hand. Beides geht nicht. Mit der Zeit wächst Ihr Vertrauen in den Prozess, und Sie werden weniger Angst haben, etwas zu vergessen. Die wirklich wichtigen Ideen fallen einem erfahrungsgemäß zu einem späteren Zeitpunkt wieder ein. Die Zeit der Meditation ist kostbar. Sie ist einzig und allein der Meditation vorbehalten und nicht dem geistigen Durchdringen von Problemstellungen. Manchmal drängen sich uns Gedanken auf, die Beachtung brauchen, da wir uns sehr konkret mit einer

Situation auseinandersetzen müssen. Halten Sie Ihre Meditation frei davon. Die Zeit der Meditation ist für die Schulung des Geistes vorgesehen, sich immer wieder von aufkommenden Impulsen und Gedanken zu lösen, und ist nicht dazu da, sich im Grübeln zu üben (das können Sie ja bereits). In diesem Falle kann es hilfreich sein, sich vor der Meditation einen klar begrenzten Zeitraum zu nehmen, um dem Problem, welches Sie durchdenken möchten, konkrete Aufmerksamkeit zu schenken. Schreiben Sie in diesem Zeitraum Ihre Gedanken und Überlegungen auf, statt sie nur im Geiste zu bewegen. Das gibt Struktur und hilft Ihnen, sich nicht im Grübeln zu verlieren. Danach kann es leichter sein, zu meditieren.

Grenzerfahrungen – dem Antreiber auf die Spur kommen

Wie geht es Ihnen eigentlich gerade; fühlen Sie sich ausgeglichen und fit, den Herausforderungen des Alltags gewachsen? Sind Sie ausgeschlafen, haben Sie Freunde, Freundinnen, eine glückliche Familie (die Sie auch erleben) und/oder eine befriedigende Partnerschaft? Oder wachen Sie in letzter Zeit häufig nachts von Gedanken gequält auf, die Sie nicht mehr loswerden und die Sie am Einschlafen hindern? Werden Sie schneller als sonst ärgerlich oder bekommen Wutanfälle? Haben Sie öfter das Gefühl, dass andere schlecht über Sie reden oder sich gegen Sie verschworen haben? Können Sie sich weniger merken als früher, vergessen Sie vielleicht auch schon einmal Termine oder wichtige Inhalte des letzten Meetings? Überfällt Sie häufig nahezu grundlos Angst, alles nicht mehr schaffen zu können, den Herausforderungen nicht mehr gewachsen zu sein? Haben Sie das Gefühl, morgens nur noch schwer in die Gänge zu kommen, schmerzt Ihr Körper, fühlen Sie sich wie geprügelt oder fiepen Ihre Ohren? Bleiben Sie regelmäßig länger im Büro, weil Sie die Arbeit nicht fertig bekommen, dieses oder jenes noch »mal eben schnell« erledigen wollen? Nehmen Sie sich auch das eine oder andere mit ins Wochenende, damit Sie wenigstens mal in Ruhe arbeiten können und Sie den Druck der kommenden Woche so zu minimieren glauben? Bewegen Sie in Gedanken permanent Szenarien und Ideen und versuchen Sie, Lösungen zu finden? Denken Sie, das sei normal? Das sei der Preis für Ihren Erfolg? Glauben Sie, niemandem vertrauen zu können und, wenn Sie die Aufgabe erledigen, zumindest zu wissen, dass sie gut erledigt wird?

Wenn Sie auch nur die Hälfte dieser Fragen – ach, was sage ich – ein Drittel davon mit einem Kopfnicken quittiert haben, können Sie von einer massiven Überforderung ausgehen. Ausgelöst durch die Unfähigkeit, »Nein« zu sagen, Grenzen zu setzen und einzuhalten.

Vor diesem Hintergrund wenden wir uns heute dem Erforschen unserer Impulse und Neigungen zu, die uns immer wieder das Gefühl des Gestresstseins, der inneren Unruhe und Getriebenheit sowie der eigenen Überforderung und Grenzüberschreitung einbringen.

Sie mögen sich jetzt vielleicht fragen, ob das nicht eher etwas mit unserem Umfeld zu tun hat. Mitnichten! Es sind Muster, die in uns selbst ablaufen. Es sind Verhaltensmuster, die wir uns im Laufe unseres Lebens angeeignet, vielleicht sogar von unseren Eltern übernommen haben, welche uns in Stress- und Überforderungsspiralen gefangen halten, wenn wir sie nicht erkennen und ihnen nicht mit Bewusstheit begegnen. Ein solches Muster kann beispielsweise das Bestreben sein, möglichst alles, was Sie anfangen, effektiv und präzise zu erledigen, oder alles, was Sie angefangen haben, auf jeden Fall zu Ende zu bringen – auch auf Kosten Ihrer Freizeit und Ihrer Gesundheit. Aussagen wie: »Das Leben ist kein Wunschkonzert«, »Schuster, bleib bei deinen Leisten«, »Mach keinen Fehler, dann ist dein Job sicher«, »Sitz nicht einfach so rum, tu was!«, »Nur wer etwas leistet, ist etwas wert!«, sind nicht selten Relikte unserer Herkunftsfamilie und soufflieren uns, dass wir unser Leben nicht selbst gestalten können, sondern abhängig sind von Gegebenheiten und dem guten Willen anderer. Beispielsweise, dass nur fehlerlose Arbeit auch weiterhin unser Einkommen und damit unser Leben sichert und wir unsere Daseinsberechtigung, unser Überleben und auch die Liebe unserer Sippe verwirken, wenn wir mal eine Pause einlegen und nicht permanent Nützliches und Sinnvolles tun. Wenn wir das alles nicht mehr tun, tritt vermeintlich der Super-GAU ein: Wir verlieren alles! Und das würde schlicht und ergreifend unseren Tod bedeuten. Das zumindest verbindet unser Organismus damit: Die archaische Angst, aus dem Rudel ausgestoßen zu werden, wenn man nicht mehr funktioniert, und elendig alleine zugrunde zu gehen, also zu sterben.

Sie meinen, das sei jetzt etwas übertrieben? Dann machen Sie regelmäßig Ihre Ihnen zustehenden Pausen bei der Arbeit, gehen Sie pünktlich um 17 Uhr nach Hause, lassen Sie Unfertiges einfach mal liegen. »So einfach geht das doch nicht!«, mögen Sie jetzt sagen. Und, warum ist es nicht so einfach? »Ja, weil andere darauf warten, dass ich ihnen die Daten heute noch rüberschicke, und ich die Präsentation für das Meeting vorbereiten muss. Es geht hier ja schließlich allen so; ich kann nicht einfach gehen, wenn die anderen auch noch da sind.« Aha. Sie würden sich also nicht gerade rudelkonform verhalten. Welche Konsequenzen hätte das im schlimmsten Fall? Ausschluss aus dem Rudel, neuen Job suchen, Hartz IV? Das ist in der Tat nicht besonders verlockend. Doch welche Konsequenzen hat es, wenn Sie sich zwar rudelkonform verhalten, jedoch damit kontinuierlich (weil es eben jeder macht) Ihre Grenzen überschreiten und permanenten Raubbau an Ihrem Körper betreiben und schließlich zusammenbrechen? Wie lange werden Sie dann noch ein funktionierendes und arbeitsfähiges Mitglied der Gesellschaft sein? Doch woran erkennt man die eigenen Grenzen, wenn andere doch tagtäglich genauso handeln?

Wir leben in einer Leistungsgesellschaft, deren Vorbilder Computer sind und in der nur die Produktivität zählt. Der Mensch als Individuum hat seine Bedeutung verloren. Allerdings werden die Kosten, die diese Leistungsgesellschaft zunehmend erzeugt, verdrängt. Gesundheitlich gesehen sind wir längst am Limit angelangt. Da helfen auch keine neuen Erwachsenen-Spielzeuge wie iPad, schnellere Computer und Smart-Phones mit universeller Spiel-, Chat- und Surf-Möglichkeit, ein neuer Firmenwagen oder eine Shopping-Tour. Körper und Geist machen schlapp, verweigern den Dienst und diktieren so dem »User« unmissverständlich und unverrückbar seine Grenze.

Und jetzt komm ich Ihnen mit Yoga.

Entdeckung der Sanftheit – der Achtsamkeits-Yoga

Der Achtsamkeits-Yoga ist die dritte formale Übung des MBSR-Programms.

Er gibt Ihnen die Möglichkeit,

- das Zusammenspiel von Körper und Geist wahrnehmen zu lernen, Ihre Grenzen kennenzulernen und anzunehmen,
- sich mit den Körpersignalen vertraut zu machen und sie lesen zu lernen,
- sich in Ihrem Körper wieder zu Hause zu fühlen,
- sich in einem geschützten Rahmen mit Ihren inneren Antreibern, Überforderungsmustern, Vermeidungsstrategien und Grenzen auseinanderzusetzen und
- einen angemessenen heilsamen Umgang damit zu entwickeln.

Beim Achtsamkeits-Yoga geht es nicht um sportliche Zielsetzungen, sondern darum, sich bewusst weder zu überfordern noch zu unterfordern und den Körper und seine Grenzen in diesem Prozess näher kennenzulernen. Jeden Tag hat Ihr Körper eine andere Qualität. Es gibt (wie bei der Rosine) keine Wiederholungen. Erforschen Sie Ihren Körper immer wieder neu, Tag für Tag, und lernen Sie, mit ihm umzugehen, wie er jeweils gerade ist. Sie sind keine Maschine, Ihr Körper ist ein Stück Natur. Er unterliegt natürlichen Schwankungen von Kraft und Leistungsfähigkeit. Er mag mal schmerzen und sich unbeweglich und schwer anfühlen. Am anderen Tag stellen Sie vielleicht fest, dass er leicht und geschmeidig ist. Halten Sie weder an dem einen noch an dem anderen Zustand fest. Lassen Sie diese körperlichen Phänomene unbewertet da sein. Beobachten Sie sie lediglich, und üben Sie sich darin, Ihren Körper so anzunehmen und zu akzeptieren, wie er momentan ist. Solange Sie nicht an einem Zustand kleben bleiben, verfestigt er sich nicht und Ihr Körper reagiert auch nicht mit dem Abwehrmechanismus Stress darauf. Der jeweilige Zustand ist ein lebendiger Prozess, der sich dauernd verändert – wie das Wetter. Das zu erkennen erleichtert den Umgang mit auftauchenden Phänomenen wie Unruhe, Schmerz, Angst, Ärger und Trauer.

Stressfaktor: Wunsch und Wirklichkeit

Sie werden vielleicht erleben, dass Ihr Körper und seine »Leistungsfähigkeit« nicht unbedingt immer Ihren Vorstellungen entsprechen. Interessant ist, was dann geschieht. Wie gehen Sie mit dieser Diskrepanz zwischen Wirklichkeit und Vorstellung um? Wie reagieren Sie darauf? Die meisten Menschen schalten dann innerlich ab und träumen sich weg aus der Situation. Oder sie halten an ihrer Vorstellung fest und erlauben sich nicht, dass es anders sein kann, als sie es sich vorstellen. Viele von uns reagieren auch mit dem Abwehren der gegenwärtigen Erfahrung, deklarieren sie als feindlich. Prompt reagiert der Organismus darauf, als wären wir in einer lebensbedrohlichen Situation, und Stresshormone werden ausgeschüttet. Dies führt zu Gefühlen des Ärgers und zu Kampfbereitschaft. Wir versuchen, die Erfahrung loszuwerden (zu bekämpfen). Oder wir bekommen Angst. Dies versetzt uns in Fluchtbereitschaft, und wir versuchen, der Situation auszuweichen oder sie zu vermeiden. Dies sind automatisch ablaufende Verhaltensmuster, die uns in einem gestressten und leidvollen Erleben gefangen halten. Doch wir können weder vor den alltäglichen Widrigkeiten und Herausforderungen noch vor Schmerz dauerhaft davonlaufen oder brachial gegen sie zu Felde ziehen. Wie eine Fliege, die im Netz der Spinne zappelt und sich durch ihr Zappeln nur immer mehr verfängt, verstricken wir uns durch all unsere Abwehrstrategien stets tiefer im Strudel des Stresses. Aus einer »Mücke« wird im Aufschaukelungsprozess schnell ein ausgewachsenes Mammut, mit entsprechend hoher Stresshormon-Belastung für unseren Körper und einer der Wirklichkeit (Mücke) unangemessenen, übertriebenen Stressreaktion.

Die Achtsamkeitspraxis zeigt uns eine wirksame Alternative zum Abwehrmechanismus: Wir üben uns bewusst darin, mit dem, was geschieht – dem Außen und unserem inneren Erleben –, in Kontakt zu kommen, es zu beobachten und nicht mehr blind automatisch darauf zu reagieren. In dem Moment, in dem Sie mitbekommen, in welchem Film Sie sich gerade befinden, erkennen Sie, dass es sich um einen Film handelt, den Sie bis dahin für die Wirklichkeit gehalten haben, und Sie können wieder Kontakt mit dem, was tatsächlich ist, aufnehmen. Sie erhalten so Gestaltungsfähigkeit für Ihr Leben und Erleben. Sie sind Ihren Gefühlen und automatisch ablaufenden Reaktionsweisen nicht mehr hilflos ausgeliefert. Sie können eingreifen, Sie können Entscheidungen treffen, auch die Entscheidung, nichts zu tun, bewusst abzuwarten, statt alles zu »verschlimmbessern«. Dies ist jedoch nur möglich, wenn Sie bewusst mitbekommen, was passiert, und Sie sich so weit geistig stabilisiert haben, dass Sie sich nicht permanent von allem faszinieren, erschrecken oder davonreißen lassen. Dann kann das Drama zur Ruhe kommen. Die Getriebenheit, die immer nur von der Diskrepanz zwischen Wunsch und Wirklichkeit lebt, löst sich auf. Plötzlich erleben Sie Situationen als weniger bedrohlich (eine Mücke bleibt eine Mücke), fühlen sich sicherer und handlungsfähiger. Sie hören auf, gegen alles und jeden Krieg führen zu müssen. Damit beruhigen sich Ihre Stresshormone und damit auch Ihre Wut und Ihre Angst. Ohne dass Sie versucht haben, sich zu entspannen, sind Sie entspannt, da Sie sich auf Kampf und Aufschaukelungsprozesse nicht mehr einlassen.

Grenzen erkennen und mit ihnen umgehen lernen

Der Achtsamkeits-Yoga hilft uns, genau das zu üben, und zwar erst einmal in einem geschützten Rahmen, da es uns gerade am Anfang schwerfällt, mitten in alltäglichen Geschehnissen so präsent zu sein. Im Yoga bauen Sie diese Präsenz allmählich auf. Sie üben sich darin, die Signale zu erfühlen, mit denen Ihr Körper seine Grenzen zeigt. Im Rahmen der Übung treffen Sie dann Entscheidungen, wie Sie mit der Grenze umgehen möchten. Mit der Zeit wird es Ihnen auch im Alltag leichter fallen, Ihre Grenzen wahrzunehmen, bewusste Entscheidungen zu treffen und für sich zu sorgen. Dies hinterlässt (wie alles, was Sie üben) Spuren in Ihrem Gehirn. Durch die Yogapraxis bilden sich entsprechende neuronale Verknüpfungen im Gehirn, die diese achtsame Entscheidungsfähigkeit fördern, und es werden Bereiche ausgebildet, die zu einer größeren und verfeinerten Körperachtsamkeit führen. Diese neuronalen Veränderungen stehen Ihnen auch im Alltag zur Verfügung, so dass es Ihnen wesentlich leichter fallen wird, im Alltag mit Ihrem Körper verbunden zu sein, seine Grenzen wahrzunehmen, sich weder zu überfordern noch zu unterfordern und bewusste Entscheidungen zu fällen, wie Sie mit Ihren Grenzen umgehen möchten. Während Sie vielleicht bislang meist über Ihre Grenzen gegangen sind, dies unter Umständen noch nicht einmal mitbekommen haben (nur plötzlich sehr erstaunt feststellten, dass nichts mehr ging), ermöglicht Ihnen die Yogapraxis, sich mit diesem Prozess vertraut zu machen und mit Ihren Grenzen haushalten zu lernen. Es gibt immer wieder Situationen, in denen es notwendig ist, die eigenen Grenzen zu überschreiten, aber es sollte nicht die Regel sein. Sind Ihnen Ihre Grenzen bewusst, können Sie sich bewusst entscheiden, sie zu überschreiten, wenn es notwendig ist. Sie entscheiden, wie lange und wie weit Sie über Ihre Grenzen gehen. In diesem Wissen sind Sie anschließend nicht überrascht, dass Sie erschöpft sind, und können dafür sorgen, Ihre verbrauchten Kraftreserven wieder aufzufüllen.

Yoga – das Wiederbewohnen des Körpers

Die Übung des Yoga ist ein Weg zur Wiedervereinigung von Körper und Geist. Nicht selten verlieren Menschen den Kontakt zu ihrem Körper, können ihn nicht mehr spüren, wollen ihn vielleicht auch gar nicht mehr spüren, weil er nur noch aus Krankheit und Schmerz zu bestehen scheint, oder haben gar Angst, ihn aus diesem Grund zu bewegen. Vielleicht fühlen auch Sie sich durch seine Symptome, seine vermeintlichen Fehlfunktionen wie Herzklopfen, Kreislaufprobleme, Krämpfe und Schmerzen bedroht. Durch die sanften und langsamen Übungen des Yoga beginnen Sie, sich dem Körper wieder anzunähern, ihn vorsichtig und sanft zu beobachten, zu erfühlen und die Dimensionen Ihres Bewegungsspielraums zu erforschen. Sie erfahren, dass Ihr Körper jeden Tag anders ist, und lernen, sich davon weder erschrecken zu lassen noch ihn und seine Befindlichkeit zu ignorieren. Langsam wachsen Sie wieder in sich hinein, lernen, mit sich, Ihrer jeweiligen Verfassung gemäß, umzugehen, und beginnen, Ihren Körper in all seinen Winkeln und Ecken wieder zu bewohnen. Dies kann sehr bewegend sein. Ich habe schon oft erlebt, dass Teilnehmende meiner MBSR-Kurse in Tränen ausbrachen, weil sie sich wieder spüren konnten, und diesmal nicht in einer schmerzvollen Art, sondern sanft und liebevoll. Ganz zart, als würden sie ihr über alles geliebtes Kind im Arm halten. Es können berührende Momente sein, wenn man sich selbst wieder als Einheit spüren kann. Einfach dazuliegen und das eigene Knie im Arm zu halten, in dem Wissen, es trägt mich jeden Tag durchs Leben. Eine Teilnehmerin bemerkte: »Früher habe ich meinen schmerzenden, von Krankheit gezeichneten Körper gehasst. Habe ihn abgelehnt, über ihn geschimpft und mit meinem Schicksal gehadert. Im Yoga habe ich die Erfahrung gemacht, dass mit meinem Körper mehr in Ordnung ist, als ich annahm, und dass er gerade mit der Krankheit Großartiges leistet. Und das Erstaunliche für mich ist: Gerade an den Tagen, an denen er am meisten schmerzt, fühle ich die größte Zärtlichkeit für ihn.«

Es ist eine große Herausforderung, körperliche Schmerzen, chronische, vielleicht gar degenerative Erkrankungen zu erleben, insbesondere, wenn es sich um Erkrankungen handelt, die sich im Laufe der Zeit eher verschlechtern als verbessern werden oder sogar zum Tode führen. Die Frage ist hier, was machen Sie bis dahin? Ein Teilnehmer mit chronischen Schmerzen aufgrund einer missglückten Wirbelsäulen-OP sagte dazu im Kurs: »Ich bin nicht bereit, dass der Schmerz mein Leben auffrisst. Es ist an mir, am Leben teilzunehmen, trotz Schmerz.« Für viele ist es erstaunlich zu erleben, wie viel Bewegungsspielraum sie tatsächlich haben und dass Schmerzen nicht gleichbedeutend damit sind, unter ihnen leiden zu müssen. Wir leiden, weil wir mit unserem Schicksal hadern, weil wir uns für diesen Moment nicht so anerkennen und akzeptieren können, wie wir gerade sind. Wir leiden an der Diskrepanz zwischen unserer Vorstellung, wie unsere Welt sein sollte, und der tatsächlichen Wirklichkeit. Durch die Achtsamkeitspraxis können wir Frieden mit uns und der Situation, in der wir uns befinden, schließen und damit auch das Leiden daran zur Ruhe bringen. Schmerzen und Krankheit werden zwar deswegen nicht wie von Zauberhand verschwinden, doch wir können wesentlich leichter mit den Bedingungen umgehen und wieder am Leben teilnehmen. So nutzen wir die einzige Wahl, die wir in diesem Leben vielleicht haben: entweder Widerstand, Hadern, Drama und Leiden oder die verbliebene Zeit und den Bewegungsspielraum trotz Schmerz so zu nutzen, wie es uns Tag für Tag, Moment für Moment möglich ist. Wir haben immer die Wahl, wie wir mit Schwierigkeiten und Schmerzen umgehen wollen. Wir können an ihnen wachsen und auch schauen, wie wir uns und anderen dadurch näherkommen. Wir können allerdings daran auch zerbrechen, indem wir uns in Dramatisierungen, Beschimpfungen und Selbstabwertung verlieren, uns vor anderen, die keine Probleme und Schmerzen haben, verschließen und uns damit immer weiter von uns und dem Leben entfernen. Die Wahl liegt bei uns.

Anfängergeist versus Leistungsdenken

Während Sie die Yogaübungen durchführen, kann es sein, dass Sie vermehrt Ungeduld und Unruhe in sich wahrnehmen. Ein innerer Drang macht sich vielleicht bemerkbar, die Übungen schneller (als sie auf der CD gesprochen sind) durchzuziehen. Möglicherweise erscheinen Ihnen die Übungen auch als zu »lasch«, vielleicht kennen Sie sie oder ähnliche bereits aus Ihrem Fitness-Studio oder der Rückengymnastik. Häufig werden dort die Übungen in einer sportlichen Intensität und mit mehr Wiederholungen durchgeführt, und es mag Sie irritieren, dass hier die Übungen so langsam und auch nur mit ein bis zwei Wiederholungen durchgeführt werden. Statt die CD nun beiseitezulegen und im eigenen, schnelleren Tempo vorzugehen, möchte ich Sie ermutigen, der Langsamkeit Raum zu geben und sich auf sie einzulassen. Der Drang nach Effektivität, Schnelligkeit und Leistung ist genau das Muster, das Überforderung und Stress-Empfinden aufrechterhält, wenn wir uns dessen nicht bewusst werden und lernen, ihm nicht dauernd blind zu folgen. Widmen Sie sich den Übungen in einer inneren Haltung von forschender Neugier und Anfängergeist. Erforschen Sie bewusst, wie Ihr Körper sich heute bewegt, was für Gedankenmuster auftauchen, welche Gefühle damit verbunden sind, welche Impulse daraufhin aufsteigen, und lernen Sie diese inneren Abläufe, das Zusammenspiel Ihres Körpers, Ihrer Gedanken, Gefühle und Impulse näher kennen. Die Langsamkeit kann Ihnen dabei helfen. Erforschen Sie, was passiert, wenn Sie Ihren Impulsen nicht reaktiv folgen, sondern stattdessen Kontakt aufnehmen zu dem, was Sie gerade erleben, wenn Sie sich erlauben, auch einmal Unangenehmes fühlen zu dürfen. Das befreit Sie vom Sklaventum, den Geschehnissen des Körpers und seinen Impulsen reaktiv ausgeliefert zu sein. Nur mit Bewusstheit erlangen wir die Freiheit, selbst zu entscheiden, wie wir weiter damit verfahren möchten. Was wollen Sie? Blinde Reaktion oder bewusste Aktion?

Nach so viel Theorie möchte ich Sie einladen, die Yogaübungen auszuprobieren. Sie finden sie auf der zweiten CD. Für die Durchführung der Übungen brauchen Sie eine Yogamatte oder eine längs gefaltete Decke, ein kleines Kissen für Ihren Kopf (wenn es angenehm ist) und ein Meditationskissen oder eine weitere gefaltete Decke in greifbarer Nähe. Noch einige Worte zur Vorbereitung:[7]

1. Nehmen Sie die Yogahaltungen nach und nach, wie auf der CD angeleitet, ein – so wie es Ihnen jetzt gerade möglich ist. Dabei geht es nicht um Perfektion oder Schönheit. Erlauben Sie sich, mit Ihrem Körper zu experimentieren und ihn zu erforschen, wie er die jeweiligen Übungen ausführen kann. Bleiben Sie für ein paar Momente in der jeweiligen Stellung, bis es für Sie an der Zeit ist, die Haltung wieder aufzulösen. Machen Sie eine kleine Pause und spüren Sie nach.
2. Achten Sie auf die einzelnen körperlichen Empfindungen, die in den jeweiligen Stellungen in Ihnen ausgelöst werden, aber auch auf Gedanken wie Bewertungen, Selbstgespräche oder -beschimpfungen sowie auf Ihre Gefühle und Stimmungen, die dadurch in Ihnen ausgelöst werden.
3. Erlauben Sie sich, liebevoll und fürsorglich mit sich umzugehen. Schauen Sie, ob es Ihnen möglich ist, sich die jeweiligen Übungen dadurch zu erleichtern, dass Sie währenddessen übermäßige Spannungen lösen, Festhalten lockern und Kraftanstrengung reduzieren, Muskeln, die für diese Übung nicht gebraucht werden, entspannen oder sich mit dem Atem in eine Dehnung hinein entspannen.
4. Lassen Sie Übungen aus, die für Sie im Augenblick gesundheitlich problematisch sein könnten. Sollten Sie während einer Übung merken, dass diese Ihnen nicht guttut, beenden Sie sie vorsichtig und langsam. Sie haben die Verantwortung für sich und Ihren Körper. Im Zweifelsfall besprechen Sie die Übungen mit Ihrem behandelnden Arzt oder Physiotherapeuten. Sie können einzelne Übungen, die Ihnen im Augen-

blick nicht guttun, auch gegen andere Übungen, die Ihnen Ihr Physiotherapeut empfohlen hat, austauschen.

5. Üben Sie bitte nicht mit Fieber oder einem vollen Magen. Lassen Sie zwischen den Übungen und der letzten Mahlzeit einen Zeitpuffer von ein bis zwei Stunden zum Verdauen.
6. Achten Sie auf die »Stopp-Signale« Ihres Körpers, und vermeiden Sie es, sich zu überfordern oder zu überdehnen (auch wenn Sie das vielleicht vom Sport her so gewohnt sind). Erlauben Sie sich vielmehr, sich an das für Sie stimmige und angenehme Maß an Dehnung heranzutasten. Das erfordert etwas Geduld, Langsamkeit und Aufmerksamkeit. So können Sie mit der Zeit die Erfahrung machen, dass Ihr Körper auf schonende Weise bewegt, gedehnt und gekräftigt wird, ohne dass er Schaden nimmt.
7. Erinnern Sie sich immer wieder daran: Es geht bei diesen Yogaübungen weder um Höchstleistung, Perfektion und Schönheit noch um ein Training zur Verbesserung Ihrer körperlichen Leistungsfähigkeit. Es geht nur darum, in einem geschützten formalen Rahmen mit dem eigenen Körper in einen liebevollen, fürsorglichen Kontakt zu kommen und mit ihm zu experimentieren, seine Grenzen und Möglichkeiten zu erforschen und die Fähigkeit auszubilden, in liebevoller Achtung für sich selbst und den eigenen Körper zu sorgen.

Übersicht der Yogaübungen

Ausgangshaltung

Übung 1

Übung 2

Übung 3

Übung 4

Übung 5

Übung 6

Übung 7

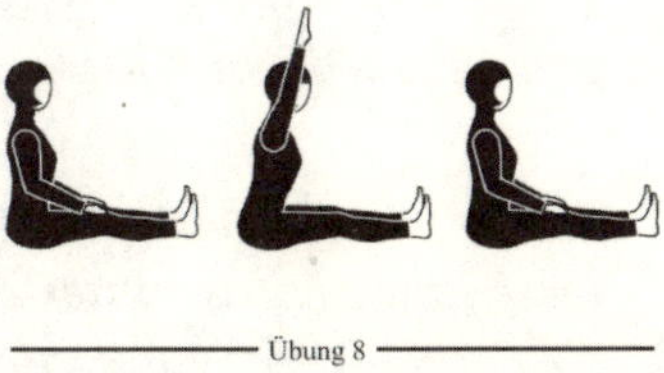

Übung 8

oder

Nachspüren

Legen Sie sich auf Ihrem vorbereiteten Platz auf den Rücken. Strecken Sie sich lang aus und machen Sie es sich bequem.

Kommen Sie bewusst in Ihrer Haltung an. Spüren Sie den Boden unter sich und fühlen Sie, wie Ihr Körper auf der Unterlage aufliegt und von ihr getragen wird. Liegen Sie so für ein paar Momente und erlauben Sie sich, zur Ruhe zu kommen. Richten Sie Ihre Aufmerksamkeit auf den Atem und lassen Sie ihn fließen, so wie er gerade kommen und gehen mag.

Schauen Sie, was in diesem Moment in Ihnen gegenwärtig ist. Vielleicht sind da noch etwas Geschäftigkeit und Unruhe von den vorangegangenen Aktivitäten. Was auch immer in Ihnen gerade gegenwärtig ist, alles darf sein, wie es ist.

Machen Sie sich nun bereit für die erste Übung.

Übung 1

Beugen Sie Ihre Beine und stellen Sie Ihre Füße auf der Matte auf, ungefähr hüftbreit auseinander. Die Hände liegen neben Ihren Hüften.

Mit der nächsten Einatmung heben Sie die Arme an und lassen Sie sie bis hinter den Kopf auf den Boden sinken. Legen Sie Ihre Hände dort ab. Lassen Sie den Atem fließen und spüren Sie, welche Bereiche Ihres Körpers gedehnt und vom Atem nun vermehrt durchströmt und durchlüftet werden.

Mit der nächsten Ausatmung bringen Sie Ihre Arme wieder zurück in die Ausgangsposition. Atmen Sie dabei tief aus und leeren Sie Ihre Lunge. Atmen Sie weiter und spüren Sie der Übung nach. Die Beine bleiben weiterhin aufgestellt.

Übung 2

Lassen Sie nun Ihr linkes Bein ausgleiten, das rechte bleibt aufgestellt. Heben Sie das rechte Knie an und umfassen Sie es mit beiden Händen. Ziehen Sie das rechte Knie so weit an Ihren Brustkorb, wie es Ihnen heute möglich ist. Wenn es geht, umarmen Sie es. Halten Sie auf diese Weise Ihr Knie und wenden Sie sich ihm mit voller Aufmerksamkeit zu. Halten Sie es voller Wertschätzung. Es trägt Sie schon Ihr Leben lang. Jeden Tag leistet es Schwerstarbeit. Halten Sie es liebevoll. Beginnen Sie, es sanft hin und her zu wiegen, von rechts nach links, von links nach rechts. Ganz langsam, feine wiegende Bewegungen … Ganz liebevoll und fürsorglich … Dann kommen Sie langsam zur Ruhe. Halten Sie es noch einen kurzen Moment, bedanken Sie sich bei ihm und lassen Sie es dann langsam wieder nach unten sinken. Die Arme und Hände lösen sich dabei und geben es wieder frei, bis der Fuß wieder fest auf der Matte steht. Spüren Sie nach.

Stellen Sie das linke Bein wieder auf und lassen Sie nun das rechte ausgleiten. Heben Sie das linke Knie an und umfassen Sie es mit beiden Händen. Ziehen Sie das linke Knie so weit an Ihren Brustkorb, wie es Ihnen gerade möglich ist. Wenn es geht, umarmen Sie es. Halten Sie auf diese Weise Ihr linkes Knie und wenden Sie sich ihm mit voller Aufmerksamkeit zu. Halten Sie es voller Wertschätzung. Es trägt Sie jeden Tag, hat nie Urlaub oder Wochenende. Manchmal schmerzt es, hat vielleicht auch schon den einen oder anderen Schaden. Vielleicht ärgern Sie sich darüber, dass es nicht so richtig funktioniert. Halten Sie es liebevoll. Beginnen Sie, es sanft hin und her zu wiegen, von rechts nach links, von links nach rechts. Ganz langsam, feine wiegende Bewegungen ... Ganz liebevoll und fürsorglich ... Dann kommen Sie langsam zur Ruhe. Halten Sie es noch einen kurzen Moment, bedanken Sie sich bei ihm und lassen Sie es dann langsam wieder nach unten sinken. Die Arme und Hände lösen sich dabei und geben es wieder frei, bis der Fuß wieder fest auf der Matte steht. Spüren Sie nach.

Übung 3

Gehen Sie nun mit der Aufmerksamkeit zu Ihrem rechten ausgestreckten Bein. Lassen Sie Ihre volle Aufmerksamkeit auf dem rechten Bein ruhen. Ziehen Sie die Zehen zum Gesicht, und mit der nächsten Einatmung heben Sie Ihr rechtes Bein so weit an, wie es Ihnen jetzt in diesem Moment gerade möglich ist. Halten Sie das Bein in dieser Position. Wie reagiert Ihr Körper, Ihre Muskulatur? Wie zeigt Ihr Körper seine Grenze? Vielleicht durch Zittern, durch Schmerz? Muss eine Grenze zwangsläufig schmerzen? Finden Sie den Moment, bevor das Ziehen oder die Anstrengung zum Schmerz wird. Ist dies vielleicht die Grenze? Schauen Sie, ob Sie sich die Übung auch etwas erleichtern können, vielleicht etwas nachlassen, jedoch ohne nachlässig zu sein. Erforschen Sie, wie sich das für Sie umsetzen lässt.

Lassen Sie mit der nächsten Ausatmung das Bein wieder langsam absinken und legen Sie es ab. Wenn die Ausatmung nicht ausreicht, einfach weiteratmen. Spüren Sie nach.

Nun stellen Sie das rechte Bein wieder auf und lassen Sie das linke Bein langsam ausgleiten. Lassen Sie Ihre Aufmerksamkeit auf dem linken Bein ruhen, ziehen Sie die Zehen zum Gesicht, und mit der nächsten Einatmung he-

ben Sie das linke Bein so weit an, wie es Ihnen jetzt, in diesem Moment, gerade möglich ist. Halten Sie Ihr Bein in dieser Position. Nehmen Sie Ihre Gedanken und Impulse wahr. Sind Sie zufrieden mit der Leistung Ihres Körpers oder eher unzufrieden? Spüren Sie den Wunsch in sich, es besser machen zu wollen und die momentane Grenze auszudehnen und das Bein noch mal anzuziehen? Erlauben Sie Ihrem Körper, so sein zu dürfen, wie er jetzt im Augenblick ist, mit all seinen Einschränkungen, seinen Schmerzen und vielleicht seiner mangelnden Fitness. Widmen Sie sich bewusst wohlwollend Ihrem Bein und nehmen Sie Ihre Grenze wahr. Entscheiden Sie, wann es für Sie an der Zeit ist, die Übung zu beenden, und lösen Sie die Übung nach Ihrem eigenen Ermessen mit der Ausatmung auf. Spüren Sie nach.

Übung 4

Stellen Sie nun beide Beine wieder auf, die Füße fest auf dem Boden. Schließen Sie Füße und Knie. Breiten Sie die Arme auf Schulterhöhe neben sich aus, die Handflächen zeigen zum Boden.

Mit der nächsten Ausatmung lassen Sie Ihre geschlossenen Beine langsam zur rechten Seite kippen. Wenn es Ihnen angenehm ist, drehen Sie den Kopf zusätzlich noch in die entgegengesetzte Richtung.

Spüren Sie in die Dehnung hinein. Lassen Sie den Atem fließen und erlauben Sie Ihrem Körper, sich mit dem Ausatmen immer mehr in die Dehnung hinein zu entspannen und alle Muskelgruppen zu entspannen, die Sie jetzt für diese Übung nicht brauchen. Erlauben Sie sich, das Festhalten, das Kontrollieren Ihres Körpers und seiner Muskeln Atemzug für Atemzug immer ein kleines Stückchen mehr loszulassen ... weich zu werden ... nachzugeben. Machen Sie es sich leichter, Atemzug für

Atemzug ... ganz in die Dehnung hinein entspannen, lockerlassen ...

Stellen Sie mit der nächsten Einatmung die geschlossenen Beine langsam wieder auf und drehen Sie den Kopf wieder gerade. Spüren Sie nach.

Mit der nächsten Ausatmung lassen Sie Ihre geschlossenen Beine langsam zur linken Seite kippen, und wenn es Ihnen angenehm ist, drehen Sie den Kopf in die entgegengesetzte Richtung.

Spüren Sie in die Dehnung hinein. Lassen Sie Ihren Atem fließen. Mit jedem Ausatmen immer mehr Spannung lösen, lockerlassen, loslassen. Sich ganz der Übung hingeben. Genießen Sie die Dehnung.

Stellen Sie mit der nächsten Einatmung die geschlossenen Beine langsam wieder auf und drehen Sie zum Schluss den Kopf wieder gerade. Spüren Sie nach.

Übung 5
Drehen Sie sich nun auf eine Seite. Kommen Sie über die Seite hoch ins Sitzen und legen Sie die Fußsohlen aneinander. Wenn es für Sie angenehm ist, setzen Sie sich dazu auf eine gefaltete Decke oder Ihr Meditationskissen. Umfassen Sie die Sprunggelenke mit den Händen und richten Sie Ihren Rücken gerade auf. Mit dem nächsten Ausatmen ziehen Sie Ihren Oberkörper mit geradem Rücken aus dem Becken heraus sanft nach vorne, so weit es Ihnen mit geradem Rücken möglich ist, ohne sich zu überfordern. Achten Sie darauf, dass Ihr Rücken in der Position gerade bleibt. Die Vorbeuge geschieht aus dem Becken heraus, nicht aus dem Rücken selbst. Sollte sich Ihr Rücken runden, lassen Sie etwas Spannung nach, bis Sie den Rücken

wieder gerade halten können. Es geht nicht um einen Wettstreit, weiter oder tiefer nach unten zu kommen, besser zu werden oder besonders dehnfähig zu sein. Halten Sie diese Position und kommen Sie in Kontakt mit Ihrem Körper und seiner jeweiligen Grenze. Erspüren Sie, wie sie sich anfühlt und was passiert, wenn Sie einfach nur die Position halten und mit dem Körper atmen. Lassen Sie den Atem fließen. Nehmen Sie wahr, was geschieht. Erlauben Sie es sich, sanft und wohlwollend mit sich umzugehen. Erleichtern Sie sich die Übung, indem Sie die Muskelgruppen bewusst lösen, die Sie für diese Übung nicht brauchen, wie beispielsweise Ihre Gesichtsmuskeln.

Lösen Sie die Übung wieder auf, lockern Sie die Beine ein wenig und spüren Sie nach.

Übung 6

Kommen Sie nun auf die Knie und nehmen Sie den Vierfüßlerstand ein. Positionieren Sie Ihre Kniegelenke unter den Hüftgelenken und die Handgelenke unter Ihren Schultergelenken. Der Rücken ist gerade wie ein Tisch, der Nacken lang und das Gesicht parallel zum Boden ausgerichtet.

Verlagern Sie Ihr Standgewicht nun auf die rechte Seite. Heben Sie das linke Bein an und strecken Sie es lang nach hinten in den Raum, und strecken Sie dann den rechten Arm nach vorne. Lassen Sie den Atem fließen. Nehmen Sie wahr, was in Ihrem Körper geschieht. Zittert er? Wie hält Ihr Körper das Gleichgewicht? Nehmen Sie seine Grenze wahr? Welche Gedanken und Kommentare tauchen auf?

Lassen Sie den Arm und dann das Bein wieder sinken und kommen Sie wieder zurück in den Vierfüßlerstand.

Verlagern Sie Ihr Standgewicht nun auf die linke Seite. Heben Sie das rechte Bein an und strecken Sie es lang nach hinten in den Raum, und strecken Sie dann den linken Arm lang nach vorne aus. Lassen Sie den Atem fließen. … Nehmen Sie den Körper wahr, Gedanken, Kommentare …

Nehmen Sie die Grenze Ihres Körpers wahr und lösen Sie die Position nach Ihrem eigenen Ermessen wieder auf. Lassen Sie dann das Gesäß auf die Fersen absinken, den Oberkörper sich lang nach vorne strecken und legen Sie die Stirn auf den Boden. Wenn das unbequem ist: Bleiben Sie aufrecht auf den Fersen sitzen oder setzen Sie sich so hin, dass es für Sie bequem ist und Sie entspannt nachspüren können.

Kommen Sie nun auf eine Weise in den aufrechten Stand, die für Sie schonend und praktikabel ist.

***Übung** 7*

Treten Sie einen Schritt neben Ihre Matte und stellen Sie sich aufrecht hin. Zwischen Ihren Füßen ist ungefähr eine Handbreit Platz. Verteilen Sie Ihr Standgewicht gleichmäßig auf beide Fußsohlen und beugen Sie ein ganz kleines bisschen Ihre Knie, so dass Ihr Stand weich und geschmeidig wird. Ihre Hände befinden sich locker neben den Hüften.

Suchen Sie sich nun einen unbeweglichen Punkt auf Augenhöhe, den Sie gut fixieren können. Fixieren Sie diesen Punkt. Verlagern Sie nun Ihr Standgewicht auf den rechten Fuß. Heben Sie die Ferse des linken Fußes vom Boden ab, so dass nur noch die Zehen des linken Fußes auf dem Boden stehen. Ziehen Sie den linken Fuß an den rechten heran. Legen Sie Ihre Hände vor der Brust in Gebetshaltung aneinander, Handfläche an Handfläche, die Finger-

spitzen zeigen nach oben. Ziehen Sie den linken Fuß zum rechten Knie hoch und legen Sie ihn dort ab. Finden Sie Ihr Gleichgewicht. Führen Sie die geschlossenen Hände bis über den Kopf und öffnen Sie sie dann auf Schulterbreite. Bleiben Sie in dieser Position und halten Sie das Gleichgewicht. Lassen Sie den Atem fließen. Nehmen Sie wahr, was geschieht in Ihrem Körper, in Ihren Gedanken. Wie reden Sie mit sich?

Lösen Sie nun die Übung wieder auf, schließen Sie die Hände, führen Sie sie zurück vor Ihre Brust, lassen Sie den Fuß nach unten sinken und stellen Sie ihn fest auf die Erde. Dann die Hände sinken lassen … und nachspüren.

Fixieren Sie wieder Ihren Punkt auf Augenhöhe. Verlagern Sie nun Ihr Standgewicht auf den linken Fuß. Die Ferse des rechten Fußes anheben, die Zehen bleiben noch auf dem Boden stehen. Ziehen Sie den rechten Fuß an den linken heran. Falten Sie Ihre Hände vor der Brust, Handfläche an Handfläche, die Fingerspitzen zeigen nach oben. Ziehen Sie den rechten Fuß zum linken Knie hoch und legen Sie ihn dort ab. Finden Sie Ihr Gleichgewicht. Dann die geschlossenen Hände bis über den Kopf führen und auf Schulterbreite öffnen. Stehen, atmen, wahrnehmen. Was geschieht in Ihrem Körper, in Ihren Gedanken. Was für Gefühle tauchen auf? Wie reden Sie mit sich? Nehmen Sie die Grenze Ihres Körpers wahr und lösen Sie die Übung nach Ihrem Ermessen wieder Schritt für Schritt auf. Stellen Sie sich fest auf beide Füße und spüren Sie nach.

Übung 8

Kommen Sie nun zurück auf Ihre Matte. Setzen Sie sich mit lang ausgestreckten Beinen hin, Rücken, Nacken und Kopf sind gerade aufgerichtet. Vielleicht ist es für Sie

leichter, gerade zu sitzen, wenn Sie sich auf eine gefaltete Decke oder Ihr Meditationskissen setzen.
Sitzen Sie auf diese Weise mit geradem Rücken und lang ausgestreckten Beinen. Die Handflächen ruhen auf den Oberschenkeln. Ziehen Sie die Zehen zum Gesicht. Richten Sie sich auf. Mit der nächsten Einatmung heben Sie Ihre Hände mit lang ausgestreckten Armen bis über den Kopf und beugen Sie sich ausatmend mit geradem Rücken, aus dem Becken heraus, ein wenig nach vorne. Arme, Kopf und Rücken bilden dabei eine Linie. Die Arme bleiben lang ausgestreckt über Ihrem Kopf, der gerade auf den Schultern sitzt. Sollten Sie merken, dass Ihr Rücken sich rundet und/oder die Arme nach vorne sinken, verringern Sie die Vorbeuge so weit, bis Sie den Rücken wieder gerade und die Arme über dem Kopf in der linearen Verlängerung Ihres Rückens halten können. Halten Sie diese Position. Lassen Sie den Atem fließen. Spüren Sie in Ihren Körper hinein. Welche Muskeln sind angespannt? Schauen Sie, ob es Ihnen möglich ist, es sich in der Anstrengung etwas zu erleichtern, übermäßige Spannung zu reduzieren und Muskeln zu lösen, die für diese Position nicht gebraucht werden. Erforschen Sie, auf welche Weise Sie sich trotz anstrengender oder unbequemer Position in die Übung hinein entspannen und fürsorglich mit sich umgehen können.

Lassen Sie mit der nächsten Ausatmung die Arme sinken, bringen Sie den Oberkörper wieder in die Ausgangsposition zurück, lösen Sie die Spannung, lassen Sie locker und spüren Sie nach.

Nachspüren
Legen Sie sich nun wieder auf den Rücken. Sie können die Beine aufstellen, wenn es Ihnen angenehm ist, oder sich ganz lang ausstrecken. Erlauben Sie sich noch einmal, der

gesamten Übungsreihe nachzuspüren. Was konnten Sie heute wahrnehmen? Wie hat sich Ihr Körper angefühlt? Waren Sie zufrieden mit ihm oder unzufrieden? Wie haben Sie mit sich geredet? Welche Worte und welche Tonlage haben Sie gebraucht? Freundlich und liebevoll oder eher nörgelnd, kritisch oder fordernd, befehlend wie ein Feldwebel? Welche Gedanken oder Impulse sind aufgetaucht? Vielleicht der Wunsch, es besonders effektiv, perfekt oder richtig zu machen, oder Frustration, dass der Körper nicht so leistungsfähig oder geschmeidig ist, wie Sie es von früher her gewohnt sind? Konnten Sie die Grenzen Ihres Körpers wahrnehmen, und wodurch hat Ihr Körper sie Ihnen signalisiert? Wie sind Sie mit ihnen umgegangen? Konnten Sie sie annehmen, wie sie sind, oder hätten Sie sie gerne anders gehabt? Haben Sie vielleicht versucht, die Grenzen zu ignorieren, sie auszudehnen und länger durchzuhalten?

Und wie fühlt sich Ihr Körper jetzt nach den Übungen an? Verbinden Sie sich mit ihm, Ihrem Gefährt durch Ihr Leben – Ihrem atmenden lebendigen Körper. Fühlen Sie den Atem, wie er ein- und wieder ausströmt, durch Sie hindurchfließt und Sie nährt. Lassen Sie für ein paar Momente Ihre Aufmerksamkeit auf dem Atem ruhen. Ihn einfach nur fühlen, wie er ein- und ausströmt, ganz von selbst.

Richten Sie nun langsam Ihre Aufmerksamkeit wieder den Dingen in Ihrem Umfeld zu. Hören Sie auf die Geräusche im Zimmer, in Ihrer Umgebung. Nehmen Sie einen tiefen Atemzug, strecken Sie sich oder machen Sie eine Bewegung, die Ihnen jetzt guttut. Öffnen Sie dann langsam die Augen. Geben Sie sich Zeit, sich langsam aufzusetzen. Rollen Sie sich erst auf eine Seite und kommen Sie dann langsam über diese Seite ins Sitzen. Wenn Sie nun wieder in Ihren Tag gehen, erhalten Sie sich Ihre Aufmerksamkeit, so lange es Ihnen möglich ist.

Übungen für die 3. Woche

1. Üben Sie an 6 Tagen der Woche im Wechsel den Body-Scan an einem und Yoga am darauffolgenden Tag (mit der CD), und notieren Sie Ihre Erfahrungen Tag für Tag in Ihrem Notizbuch.
2. Üben Sie die Achtsamkeitsmeditation auf den Atem an 6 Tagen der Woche für 15–20 Minuten ohne CD. Stellen Sie sich für die Zeit einen Wecker oder legen Sie Ihre Armbanduhr vor sich auf den Boden, so dass Sie sehen können, wenn die Zeit um ist. Sollte es noch Ihre geistige Ausdauer und Kraft übersteigen, sich 15–20 Minuten lang immer wieder von Gedanken zu lösen und zurück zum Atem zu finden, unterteilen Sie die Zeit in 3 5- oder 2 10-Minuten-Abschnitte. Dazwischen machen Sie eine kleine Pause, strecken und recken sich, lassen Ihren Blick einmal von rechts nach links und von links nach rechts über die Zimmerdecke streifen und setzen sich dann wieder in Meditationshaltung und fahren mit der Meditation fort. Wenn Ihnen das Üben ohne CD schwerfällt, üben Sie einen Tag mit CD und den anderen Tag ohne, so dass Sie sich langsam daran gewöhnen können.
3. Bemerken Sie während des Tages, wenn Sie sich im Autopilot-Modus befinden und wenn Sie etwas unerwartet aus der Balance bringt.
4. Achten Sie in dieser Woche bewusst jeden Tag auf Ereignisse, die Ihnen unangenehm erscheinen. Wählen Sie am Ende des Tages eines dieser Ereignisse aus und schreiben Sie es in die folgende Tabelle:[8]

Unangenehme Erlebnisse

	Montag	Dienstag	Mittwoch	Donnerstag	Freitag	Samstag	Sonntag
Beschreiben Sie Ihr Erlebnis kurz in Stichworten.							
Waren Sie sich des unangenehmen Erlebnisses während des Geschehens bewusst?							
Was haben Sie körperlich während des Erlebnisses wahrgenommen?							
Welche Stimmungen, Gefühle und Gedanken konnten Sie während des Erlebnisses wahrnehmen?							
Welche Gedanken, Körperempfindungen und Gefühlsregungen nehmen Sie JETZT, während Sie schreiben, wahr?							

WOCHE 4

Stressbewältigung durch Achtsamkeit

Reflexion der Erfahrungen der vergangenen Woche

Ihre dritte Übungswoche ist nun vorbei. Wie ist es Ihnen ergangen? Konnten Sie in dieser Woche an jedem der sechs Tage üben? Was haben Sie mittlerweile verändert, damit Sie Zeit zum Üben haben? Welche Erfahrungen haben Sie mit den Yogaübungen gemacht? Auf welche Weise hat sich die Yogapraxis vielleicht auf die Übung des Body-Scans ausgewirkt, was konnten Sie diesbezüglich bei sich beobachten? Wie kommen Sie mit der verlängerten Meditation zurecht, was haben Sie erlebt? Konnten Sie jeden Tag unangenehme Ereignisse finden? Was haben Sie über sich selbst und Ihren Wahrnehmungsprozess von Unangenehmem erfahren können? War es Ihnen direkt in der jeweiligen Situation möglich zu bemerken, dass sich etwas Unangenehmes ereignete, oder wurde es Ihnen erst später bewusst? Welche Auswirkung hat es auf Sie, wenn Sie etwas Unangenehmes wahrnehmen, wie verändert sich dann Ihr Körpergefühl, Ihre Stimmung?

Umgang mit Schwierigkeiten

Nach drei Wochen Übungspraxis kommt es manchmal zu einem Motivationstief. Vielleicht geht es Ihnen im Augenblick auch so. Die Übungen erweisen sich als wesentlich umfangreicher als ursprünglich angenommen und hindern Sie vielleicht daran, mehr Sport zu treiben, mit Ihrem Partner oder Ihrer Partnerin Zeit zu verbringen, mit Ihren Kindern zu spielen oder Ihre Freunde zu sehen. Dazu wird auch noch Ihr Zeitbudget für die ganzen Alltagsverpflichtungen, die Sie zu erledigen haben, knapp. Wäsche muss gebügelt, die Wohnung aufgeräumt, die Steuer endlich gemacht und die Einkäufe erledigt werden. Vielleicht kommt noch die Pflege eines Angehörigen dazu. Statt weniger Stress zu erleben, scheint er sich durch diesen Kurs noch zu erhöhen. Im Augenblick könnte es so aussehen, dass die Kosten den Nutzen vermeintlich übersteigen.

Das MBSR-Programm kann Sie in der Tat zusätzlich an Ihre Kapazitätsgrenzen bringen und zunächst durchaus stressverschärfend wirken. Jetzt werden die tatsächlichen Missstände im Alltag und in Ihrer Lebensstruktur sichtbar. Das können destruktive Einstellungen, Gewohnheiten, Abgrenzungsprobleme oder auch schlicht organisatorische Defizite sein. Ein unangenehmer, aber heilsamer Weckruf, damit Sie wirklich an diesen Dingen zu arbeiten beginnen. Erst wenn Sie sie erkennen, können Sie damit umgehen lernen, beginnen, Lösungen zu finden, sich eine neue Haltung anzueignen und destruktive Gewohnheiten sowie organisatorische Missstände auszugleichen.

Lassen Sie sich durch die Schwierigkeiten nicht von der Praxis abhalten. Machen Sie weiter. Es wird leichter werden. Die Achtsamkeit arbeitet für Sie. Was gilt es nun zu tun? Wenden Sie die Anweisungen des Yoga auch auf Ihr Leben an: Werden Sie weder nachlässig, überfordern Sie sich aber auch nicht. Finden Sie Ihr Maß und einen Weg, Ihr Maß auch zu halten und zu vertreten. Wenn Sie bemerken, dass Sie zu verbissen und mit erhöhter Anstrengung bei der Sache sind (im Alltag wie auch in den Übungen), experimentieren Sie, wie Sie selbst Ihre Anstrengung reduzieren können, so dass Sie energiesparender, lockerer, mit weniger Kraftaufwand durch die anstrengende Zeit gehen. Reduzieren Sie destruktive Selbstgespräche. Finden Sie stattdessen Worte und Tonlagen, die angenehmer sind, Sie fördern und motivieren, anstatt Sie zusätzlich noch runterzuziehen oder Ihnen ein schlechtes Gewissen zu machen. Lassen Sie sich auf Dramatisierungen immer weniger ein. Sie haben bereits im Body-Scan und in der Meditation geübt, sich wieder in die Gegenwart zurückzuholen, wenn Sie abschweifen. Machen Sie davon auch im Alltag Gebrauch. Außerdem können Ihnen die Acht Prinzipien der Achtsamkeit helfen, immer wieder zur Achtsamkeit zurückzufinden. Nutzen Sie sie!

Jetzt wird vielen Kursteilnehmern plötzlich deutlich, wie überfrachtet der Tag ist und wie wenig Raum sie für sich selbst haben. Diese Erkenntnis kann sehr schmerzlich sein und Verzweiflung oder gar Widerstand bei dem einen oder der anderen auslösen. Sie haben zwei Möglichkeiten: Sie können so weitermachen wie bisher – es ist nur die Frage, wie lange Sie das noch durchhalten –, Sie können jetzt aber auch die Chance der Erkenntnis nutzen, längst fällige Entscheidungen und Veränderungen einzuleiten (bevor dies Ihr Körper oder andere für Sie tun). Veränderung in kleinen Schritten: Es brauchen nicht immer einschneidende Lebensveränderungen zu sein. Schon Kleinigkeiten können große Auswirkungen haben. Sobald Sie auch nur eine winzige Kleinigkeit verändern, verändert sich alles. Eine berufstätige Mutter berichtete mir beispielsweise in einem Kurs, dass der Morgen für sie und ihr Kind immer besonders stressig war und trotz Zeitplan immer alles drunter und drüber ging. Sie entschied sich schweren Herzens und nach langem Hadern, morgens eine halbe Stunde früher aufzustehen, obwohl sie eine Langschläferin ist. Diese halbe Stunde entzerrte und entspannte die gesamte Situation für ihr Kind und für sie. Seitdem, so erzählte sie, ist ihr Kind zur rechten Zeit fertig, es gibt weniger Geschrei und Streit und beide kommen rechtzeitig und wesentlich entspannter in die Schule und zur Arbeit.

Auch wenn Sie vielleicht im Außen nicht viel oder gar nichts ändern können – ich bin mir sicher, dass sich bereits schon das eine oder andere in Ihrem Sein verändert hat. Sie sind vielleicht aufmerksamer als früher, haben mehr Kontakt zu Ihrem Atem und Körper. Vielleicht atmen Sie auch schon öfter mal tief durch, statt auszurasten. Das alles mag Ihnen unter Umständen noch zu wenig an sicht- und fühlbarer Veränderung sein, doch sollten Sie diese Veränderungen honorieren. Nehmen Sie sie bewusst zur Kenntnis. Schon mit diesen noch so kleinen Veränderungen ist nichts mehr so, wie es vorher war.

Was kann Ihnen noch helfen, weiterzumachen und die Krise durchzustehen? Meiner Erfahrung nach mag es hilfreich sein, sich noch einmal deutlich vor Augen zu führen, aus welchen Gründen Sie mit dem MBSR-Programm angefangen haben. Hat der Stress in Ihrem Leben bereits Ihre Gesundheit angegriffen, leiden Sie unter chronischen Schmerzen, Migräne oder Wutanfällen? Leidet bereits Ihre Beziehung unter Ihrem Dauerstress oder auch Ihre Kinder? Können Sie nicht mehr richtig schlafen oder sind ängstlich und nervös? Was wäre, wenn Sie gelassener damit umgehen könnten, weniger Schmerzen oder Migräne hätten, weniger Angst? Ist das für Sie erstrebenswert? Wie würde Ihr Leben dann aussehen? Für manche Menschen ist es eine Motivation, diese Anstrengungen nicht nur für sich selbst auf sich zu nehmen, sondern auch, damit sie gelassener mit ihren Kinder umgehen, für die Belange ihrer Mitarbeiter aufmerksamer sind, am Arbeitsplatz entspannter sind oder wieder liebevoller mit ihrer Partnerin umgehen und eine erfüllte Partnerschaft erleben. Was ist Ihre Motivation?

Was hat sich außerdem durch den Kurs bisher in Ihrem Leben und Erleben positiv verändert? Was haben Sie durch die Übungen Angenehmes erlebt?

Bleiben Sie am Ball. Auch diese Krise werden Sie durch die Praxis meistern und Sie werden an ihr wachsen. Diese Krise ist ein Meilenstein. Hier werden die Ernsthaftigkeit, mit der Sie an diesem Kurs teilnehmen, und auch der Ernst Ihrer momentanen Lebenssituation noch einmal sehr deutlich, und dies gibt Ihnen die Gelegenheit, sich bewusst für sich selbst und die Veränderung Ihres Lebensstils, der Sie vielleicht an die Grenze Ihrer Kraft gebracht hat, zu entscheiden. Es ist Ihr Leben, und wenn Sie eine Familie zu versorgen haben oder eine Firma leiten, ist es umso notwendiger, dass Sie auf Ihre Kraft und Ihr Wohlbefinden achten.

Stress – das Überlebensprogramm der Steinzeit

Passend zu Ihrem möglicherweise sich noch verschärfenden Stress ist das Thema dieser Woche unser Stressmechanismus: Wofür ist er da, was löst er in uns aus und wie hilft die Achtsamkeit, mit Stressituationen angemessen umzugehen?

Dazu kann es hilfreich sein, wenn wir uns erst einmal mit den natürlichen Abläufen in unserem Körper befassen. Dem möchte ich vorausschicken, dass diese wesentlich komplizierter und detaillierter sind, als ich sie Ihnen hier vorstelle, und auch noch lange nicht alle Zusammenhänge und Vorgänge bis ins kleinste Detail erforscht sind.

Die Stressreaktion unseres Körpers ist nichts anderes als ein steinzeitliches Notfallprogramm, das dazu dient, unser Überleben in lebensbedrohlichen Situationen zu sichern. Als lebensbedrohlich galten in den Anfängen der Menschheitsgeschichte massive Gefahrensituationen für Leib und Leben durch Säbelzahntiger, wildgewordene Mammuts, Hungersnöte oder Angriffe feindlicher Clans. Damit es uns möglich war, auch in einem relativ untrainierten, vielleicht sogar durch Hunger geschwächten körperlichen Zustand Kraft zum Angreifen oder Schnelligkeit im Weglaufen aufzubringen, hat Mutter Natur in unserem Körper Abläufe eingerichtet, die genau das sicherstellen. Schauen wir uns einmal unsere Reaktionswege auf Hirnebene an:

Der Ablauf unseres Notfallprogramms

Die Wissenschaft unterscheidet in unseren Reiz-Reaktionen zwischen dem *Hot-System* (Stressmodus) und dem *Cool-System* (Normalmodus). Im normalen Alltag, wenn wir Herr bzw. Herrin der Lage sind, ist in der Regel unser Cool-System aktiv. So beinhaltet beispielsweise die Redewendung »einen kühlen Kopf bewahren« die Empfehlung, das Cool-System aufrechtzuerhalten, auf das wir immer dann Zugriff haben, wenn wir unsere Stressreaktion nicht ausufern lassen, also »cool« bleiben. Reize, die unser Gehirn registriert, werden im limbischen System auf potenzielle Bedrohlichkeit hin geprüft. Wenn keine potenzielle Bedrohung erkennbar ist, wird der Reiz zur logischen Verarbeitung an unsere beiden Hirnhälften, zum Sprachzentrum und zum Vorderhirn geleitet. In diesem Prozess sind wir emotional recht ausgeglichen (cool) und fühlen uns zwar stimuliert, jedoch nicht gestresst. Alle notwendigen Hirnbereiche arbeiten miteinander, und somit sind wir im Vollbesitz aller unserer geistigen Kompetenzen. Wir haben Zugriff auf unseren Intellekt, unser gesamtes Wissen und unsere Fähigkeiten, auf unser logisches Denken, unsere zwischenmenschliche Kompetenz, wir sind schlagfertig, können angemessene Worte für das Geschehen finden und sind kreativ, was uns sehr bei Lösungsfindungen unterstützt. Wir sind in der Lage, das jeweilige Geschehen einzuordnen und souverän damit umzugehen.

Ganz anders verläuft dies beim Hot-System. Wird ein Reiz von unserem System als potenziell gefährlich eingestuft, wird er nicht mehr zur logischen Verarbeitung an die entsprechenden Hirnbereiche weitergeleitet, sondern es wird sofort unser »Rettungsprogramm« gestartet, blitzartig die Ausschüttung der Stresshormone Adrenalin, Noradrenalin und Cortisol stimuliert und unser Körper binnen Bruchteilen von Sekunden in Kampf- oder Fluchtbereitschaft versetzt.

Pure Reaktion ist die Devise unseres Rettungsprogramms. Schreck und Angst sowie reflexartige Verteidigungshandlungen werden sogar noch vor der Aktivierung des hormonellen Systems in Gang gesetzt, so dass wir uns beispielsweise durch einen reflexartigen Sprung aus einer Gefahrenzone retten können. Und damit wir nicht durch Nachdenken, ob wir nun besser den Stein, die Keule oder den Speer zur Verteidigung nutzen sollten, lebensrettende Zeit vergeuden, haben wir (zumindest in der Akutphase) keinen Zugriff mehr auf unsere intellektuellen Fähigkeiten, auf Wissen, Logik sowie Kreativität. Vielleicht haben Sie schon einmal einen sogenannten Blackout erlebt, als

Sie in einer Prüfungssituation waren oder eine Rede halten sollten. Hier haben Sie dann direkte Erfahrung mit dem »Abschalten« Ihres intellektuellen Gehirns gemacht. Sobald Sie sich allerdings wieder etwas beruhigt haben, löst sich die Blockade auf und Ihr Hirn ist wieder einsatzfähig (und sehr kreativ im Ausschmücken der Katastrophe).

Je größer unser empfundener Stress ist, desto höher ist unser Hormonspiegel. Die Hormone Adrenalin und Noradrenalin sorgen dafür, dass unser Körper in Bruchteilen von Sekunden optimal für Kampf oder Flucht vorbereitet ist. Die Hormone bewirken, dass Glukose und Fettbausteine aus schnell verfügbaren Depots (beispielsweise aus der Leber) freigesetzt werden. Die Blutgefäße verengen sich, der Blutdruck steigt, so dass unsere großen Muskelgruppen (Beine und Po) schnell gut durchblutet und mit wichtigen Nährstoffen versorgt werden, damit wir uns kraftvoll und schnell bewegen können. Die Muskulatur spannt sich, denn nur gut gespannte Muskulatur ist zum Zuschlagen oder Weglaufen bereit. Cortisol bereitet uns auf etwaige Verwundungen vor, indem es den Gerinnungsfaktor des Blutes erhöht und immunsuppressiv (entzündungshemmend) wirkt. Durch die Stresshormone verändert sich ebenfalls unser Gemütszustand. Je nach Situation werden wir extrem wütend oder wir reagieren mit Furcht oder Angst, die sich bis zur Panik steigern kann. Wut bewirkt, dass wir unsere Grenzen mit Vehemenz und ohne Zweifel verteidigen können, darüber hinaus sinkt auch unsere Tötungshemmung, so dass wir in der Lage sind, zur Not auch unser Gegenüber zur Strecke zu bringen. Angst lässt uns flüchten, Furcht lässt uns zur Salzsäule erstarren (Schreckstarre). Diese Starre sollte uns davor schützen, gesehen zu werden. Und Panik ist der Turbo-Schub, damit wir endlich die Beine in die Hand nehmen und uns Hals über Kopf retten.

Steinzeit trifft auf Digitalzeit

Bis in die heutige Digitalzeit hat sich an diesem Programm nichts verändert, und wir reagieren auf Bedrohungen noch genauso wie zu Feuersteins[9] Zeiten. Selten werden wir in unseren Breitengraden heute noch durch einen Tiger bedroht. Maximal kann es zu Unfällen, Naturkatastrophen oder Überfällen kommen. Die meisten unserer heutigen Bedrohungen sind subtiler, meist psychischer oder gesundheitlicher Natur und somit nicht mehr durch körperliche Verteidigung oder Flucht, wie es unser »Rettungsprogramm« vorsieht, adäquat zu meistern. Ein Update tut not.

Stress ist subjektiv

Stressreize werden im Fachjargon *Stressoren* genannt. Diese Stressoren können Reize im Außen sein, wie ein auf uns zurasendes Auto, ein tätlicher Angriff, ein uns anschreiender Vorgesetzter, ein bedrohlich wirkendes Tier, aber auch von unserem Körper herrühren, wie beispielsweise Beklemmungsgefühle in der Brust, starkes Herzklopfen oder eine Erkrankung. Unsere geistigen Prozesse wie Annahmen, Phantasien und Befürchtungen, die wir auf diese Reize projizieren, gehören zu den inneren Stressoren und führen dazu, dass wir überhaupt erst in Stress geraten. Denn es ist nicht zwingend notwendig, dass Sie sich durch Schmerz automatisch gestresst fühlen. Vielmehr sind es Ihre Gedanken, die Sie sich über den Schmerz machen und die zu einem Aufschaukelungsprozess führen wie: »Das wird nie wieder gut werden. O weh, du wirst bald gar nichts mehr machen können! Ach, tut das weh! Oh, es ist so furchtbar! Das wird ja immer schlimmer! Ich will diesen Schmerz nicht! Kann mir denn keiner helfen? …«

Das Gefühl der Bedrohung (Stress) ist immer rein subjektiv und abhängig von unserem jeweiligen Befinden, unseren Erfahrungen, unseren Annahmen über die Welt und den Bewältigungsstrategien, die wir im Laufe unseres Lebens entwickelt haben. Für ein Baby beispielsweise sind Hungermomente stets lebensbedrohliche Stressituationen, da es vollkommen darauf angewiesen ist, von der Mutter oder einer anderen Bezugsperson versorgt zu werden. Wenn wir heute, als erwachsener Durchschnittsmensch in unseren Breitengraden, Hunger verspüren, wird uns das sehr wahrscheinlich wesentlich weniger bedrohlich erscheinen und damit weniger stressen, als die damalige Erfahrung es tat. Wir haben gelernt, einkaufen zu gehen, zu kochen und für uns selbst zu sorgen. Haben Sie allerdings als Baby häufig erleben müssen, dass Sie nicht versorgt wurden, so hinterlässt dieses Erlebnis einen bleibenden Eindruck in Ihrer Stresszentrale im Gehirn und lässt Sie in zukünftigen potenziellen Mangelsituationen überreagieren, auch wenn Sie längst bereits in der Lage sind, für sich zu sorgen. Warum ist das so?

Stress ist eine Erfahrungssache

Die meisten Menschen haben im Laufe Ihres Lebens die Erfahrung gemacht, dass sie in Situationen nicht oder nur unzureichend für Ihre Sicherheit sorgen konnten. Das können einfache Alltagssituationen gewesen sein, beispielsweise ein Konflikt mit einem Elternteil, mit Schulkollegen oder einer anderen Person, der nicht zu ihrer Zufriedenheit verlaufen ist. Alle Situationen, die nicht zufriedenstellend mit dem Gefühl der Sicherheit abgeschlossen werden, merkt sich unser Gehirn. Es entsteht so etwas wie eine »Stress-Schablone«, mit der permanent alle auftauchenden Eindrücke abgeglichen werden, und sobald nur ein kleiner Teil mit der Schablone übereinstimmt, schlägt die Stresszentrale im Gehirn Alarm und aktiviert unser »Rettungsprogramm«. Dies ist eine von der Natur eingerichtete Vorsichtsmaßnahme, damit uns das nicht noch einmal passiert und wir uns schneller retten können als damals.

Vielleicht kennen Sie das Gefühl, sich in einer Konfliktsituation plötzlich wieder wie ein kleines Kind zu fühlen und keinerlei Zugriff mehr auf Ihr erwachsenes Potenzial, Ihr Wissen und Ihre Fähigkeiten zu haben. In diesem Moment ist eine alte

Erinnerung (Stress-Schablone) durch eine aktuelle Situation aktiviert worden.

Stressfalle Grübeln

Unser Stress-Reaktionssystem macht keinen Unterschied zwischen Fiktion oder Wirklichkeit, zwischen Gedanken wie Erinnerungen an eine bedrohliche Situation, Zukunftsphantasien oder einer tatsächlichen Gefahrensituation, die wir gerade in der Wirklichkeit erleben. Die Stressreaktion ist die gleiche. Geben wir uns also unseren inneren Filmen hin und grübeln ständig über alle möglichen Varianten von »Hätte ich doch ..., soll ich nicht besser ..., wenn ..., dann könnte ...«, bleibt unser Organismus in der Stressreaktion mit der dazugehörigen Hormonausschüttung gefangen (auch wenn wir schon längst Feierabend haben und sogar im Bett liegen).

Warum grübeln wir?

Zu unseren eingebauten Stressmechanismen gehört, dass wir vergangene Situationen, sobald die akute Phase vorbei ist, noch einmal hervorholen, durchdenken und Handlungsalternativen entwickeln, um für zukünftige Situationen besser gerüstet zu sein. Was zu Säbelzahntigers Zeiten absolut angemessen war, erweist sich in der heutigen Zeit als Grübel-Stressfalle. Warum? War das Leben damals noch relativ langsam, mit überschaubaren kritischen Reizen, gelegentlich unterbrochen von einer lebensbedrohlichen Situation in Abständen von Wochen bis Monaten, leben wir heute in einer extrem beschleunigten und reizüberfluteten Welt. Jeder Reiz wird von unserem Organismus verarbeitet, auch wenn schon ein Großteil im Vorfeld aussortiert wird und nur noch ein Bruchteil tatsächlich unser Bewusstsein erreicht. Jeder Reiz stellt für unseren Organismus eine potenzielle Bedrohung dar, wird abgeglichen, und wenn etwas für bedrohlich befunden wird, fährt der Organismus in den Stressmodus. Je gestresster wir sind, umso mehr potenzielle Bedrohungssituationen findet unser Gehirn, so dass wir mit der Zeit unser gesamtes Leben als bedrohlich empfinden. Positives wird kaum oder gar nicht mehr wahrgenommen, da es für das Rettungsprogramm vollkommen irrelevant ist.

Dieser Rettungsmodus ist für uns extrem energieaufwendig, weil es für unseren Körper in diesem Moment steinzeitlich um unser Überleben geht! Das braucht immens viel Energie. Was zu Säbelzahntigers Zeiten eine Ausnahmesituation war, nach der man sich erst einmal gehörig ausruhte, gut aß und schlief, ist für uns heute zum gesellschaftlich anerkannten Normalzustand geworden. Wenn wir uns dann plötzlich erschöpft fühlen, halten wir uns eher für verrückt als für erholungsbedürftig und vergleichen uns mit anderen, die es ja schließlich auch nicht leicht haben und trotzdem gut gelaunt und fit sind. So scheint es jedenfalls.

Der Wechsel ist entscheidend

Auch wenn Sie sich jetzt vielleicht verständlicherweise nach einem Zustand sehnen, in dem Sie nie wieder Stress erleben und dauerentspannt sind: Belastungen gehören zum Leben dazu. Selbst nachdem Sie das MBSR-Training absolviert haben, wird es immer mal wieder etwas geben, was Sie erschreckt oder aus dem Gleichgewicht bringt. Das ist normal. Sie werden durch das Programm jedoch in die Lage versetzt, schneller wieder Boden unter die Füße zu kriegen. Im MBSR geht es darum, mit den Herausforderungen und Belastungen des Lebens angemessen und heilsam umgehen zu lernen, und weniger darum, sie aus dem Leben auszuklammern und sich dauerhaft zu schonen. Wir brauchen, wie in jedem gesundheitsfördernden Training, den Wechsel zwischen An- und Entspannung. Muskeln und Fähigkeiten, die nicht trainiert werden, bilden sich zurück. Genauso ergeht es unseren Fähigkeiten, mit den Herausforderungen des Lebens umzugehen. Wir brauchen die kleinen und großen Herausforderungen und deren Bewältigung, um uns gesund, vital und kraftvoll zu fühlen. Je weniger wir uns solchen Reizen aussetzen, desto weniger können wir damit umgehen und desto bedrohlicher erscheint uns der normale Alltag. Doch das Maß ist entscheidend.

Positiver und negativer Stress

Vielleicht haben Sie schon einmal davon gehört, dass es positiven und negativen Stress gibt. So zeichnet sich der sogenannte positive Stress insbesondere dadurch aus, dass nach einer Anforderung, beispielsweise einem Schreckmoment, eine Phase der Bewältigung folgt, bis unsere Sicherheit zufriedenstellend wiederhergestellt ist. Darauf folgt das wohlige Gefühl der Entspannung und das Gefühl, sicher zu sein sowie für die eigene Sicherheit (oder das der Familie) sorgen zu können. Wir fühlen uns kompetent und dem Leben gewachsen. Das macht zufrieden. Meistens sind dies Tage, an denen wir viel zu tun hatten, das eine oder andere war auch recht knifflig, doch am Ende des Tages haben wir alles gut gemeistert. Zufriedenheit, ein sattes Gefühl rechtschaffener Müdigkeit und manchmal auch Glücksgefühle begleiten uns in den Feierabend. Das hat diesem Stressmodus das Prädikat »positiv« eingebracht. Was ihn allerdings wirklich zu positivem Stress macht, ist, dass es ein heilsamer, ein gesundheitsförderlicher Modus ist, mit dem wir steinalt werden können. Kennzeichen dieses Stressmodus ist, dass es sich hier um Kurzzeitstress handelt. Die Belastung ist nach einer gewissen Anpassung und einem adäquaten Umgang mit den Stressoren innerhalb kurzer Zeit vorbei.

Der sogenannte negative Stress ist chronifizierter Langzeitstress. Er ist von langer Dauer und einem permanenten Anstieg der Anforderungen bei proportional schwindender Kraft geprägt, verbunden mit dem verzweifelten Gefühl, nichts tun zu können, was die Situation auch nur annähernd verbessern könnte. Diese Hilflosigkeit stresst noch zusätzlich. Die Kontrolle entgleitet uns vollkommen, Kraftreserven werden durch verzweifelte Bewältigungsversuche verbraucht und können nicht mehr aufgefüllt werden, da die gefühlte Bedrohung Schlaf, Freizeit und Entspannung nicht mehr zulässt. Wer kann schon schlafen, wenn einem der Säbelzahntiger auf der Bettdecke sitzt? Gedanken rasen wie wildgewordene Affen durch unser Oberstübchen und berauben uns der Möglichkeit, in unserer sogenannten »Freizeit« zur Ruhe zu kommen. Das gehört mit zu diesem verzweifelten Stressmodus, doch helfen tut es uns nicht, denn wir rutschen schnell aus dem konstruktiven Nachdenken ins Grübeln, das uns nur im Kreis herumjagt, ohne eine konstruktive Lösung hervorzubringen. Selbst wenn wir uns nicht mehr in der tatsächlichen Situation befinden, in Gedanken halten wir auch in der Freizeit die Stressituation aufrecht, und unser Organismus reagiert mit einem kontinuierlichen Stresshormonspiegel und zehrt auch noch die letzten Kraftreserven auf. Zusätzlich tauchen häufig noch Schmerzen auf durch verkrampfte Muskeln, Geräuschempfindlichkeit, Herz-Kreislauf-Probleme, Infekte, emotionale Überreizungen (Wutausbrüche, Heulkrämpfe), Konzentrationsstörungen, Blackouts und Merkfähigkeitsstörungen, welche unsere Situation zusätzlich erschweren. Da dieser Zustand als unangenehm empfunden wird, hat das diesem Stressmodus das Prädikat »negativ« eingebracht. Allerdings ist es nicht einfach nur unangenehm, sondern langfristig auch gesundheitsschädlich.

Folgen von Langzeitstress

Während das Kurzzeitstress-Programm unser Überleben sichert, wirkt sich Langzeitstress auf Dauer auf unseren Organismus extrem zerstörerisch aus. Die Natur hat zwar Fluchtsituationen und Hungersnöte mit eingeplant, doch diesen psychischen Dauerstress durch permanente Überarbeitung, dauernde Doppel- und Mehrfachbelastungen, Reizüberflutung, Lärm oder Angst, den Arbeitsplatz, die Position, den Lebensstandard oder das Ansehen zu verlieren, Wirtschaftskrisen und Börseneinbrüche usw., wie wir sie in unserer heutigen Zeit erleben, den hat sie nicht eingeplant. Die daraus resultierende kontinuierliche Stresshormon-Belastung und die ausgelösten funktionalen Veränderungen in unserem Organismus können langfristig von unserem Körper nicht kompensiert werden. Der Blutgerinnungsfaktor, der Cholesterinspiegel und der Blutdruck erhöhen sich, und die Gefäßwände nehmen auf Dauer Schaden. Cortisol schwächt unser Immunsystem (nicht nur die Infektabwehr, sondern auch die Krebsabwehr). Das kann schließlich zu den typischen Stress-Folgeerkrankungen führen wie Krebs, wiederkehrende Infektionen, Bluthochdruck, Herzinfarkt und Schlaganfall. Auch die Blutzuckerwerte können sich erhöhen, was langfristig zu Diabetes führen kann. Darüber hinaus führt Langzeitstress zu einer Schwächung unserer psychischen Stabilität und kann zu Angst- und Panikstörungen, Depressionen (Stress reduziert unser Glückshormon Serotonin), Essstörungen und sogar (bei Veranlagung) zu Psychosen führen. Die Gefahr, durch Kompensationsversuche mit Alkohol oder durch Selbstmedikation mit Schmerz-, Aufputsch- und Beruhigungsmitteln auch noch in eine Abhängigkeit durch Substanzmissbrauch zu geraten, ist hoch.

Burnout

Die totale Entkräftung auf körperlicher und psychischer Ebene wird heute Burnout genannt und bezeichnet einen Zustand der völligen psychischen und physischen Erschöpfung nach Langzeitbelastung. Dieser kann, je nach Ausprägung und Vorgeschichte, lebensbedrohliche Ausmaße annehmen und eine stationäre Versorgung in einer Klinik notwendig machen. Es ist also alles andere als eine Luxus-Diagnose, die gerade chic ist oder weil man keine Lust mehr hat, zu arbeiten. Burnout trifft gerade diejenigen, die mit Leib und Seele für etwas gebrannt haben, denen ihre Aufgaben wichtig sind, die etwas bewegen wollen, ein hohes Verantwortungs- und Pflichtgefühl haben, schwer »Nein« sagen können und seit Jahren permanent großen Einsatz zeigen. Es trifft keinen, der regelmäßig um 17 Uhr Feierabend macht und dann noch gemütlich im Biergarten Freunde trifft oder eine Runde um den Weiher joggt, sondern diejenigen, die bis spätabends die Präsentation für morgen vorbereiten und nebenbei noch den Kindergeburtstag planen, die demente Schwiegermutter pflegen, in der Pause einkaufen gehen, sich um den Haushalt kümmern und nachts das Essen für die Familie vorkochen. Die wachsende Zahl der Burnout-Fälle ist ein alarmierendes und ernstzunehmendes Zeichen einer kollabierenden Gesellschaft. Burnout entsteht durch jahre-, gar jahrzehntelange Dauerbelastung und ist nicht mit einem Urlaub kurierbar. Realistisch betrachtet, auch wenn Krankenkassen und Arbeitgeber dies gerne anders hätten und auch sehen, braucht der Organismus ebenso lange zur vollständigen Rehabilitierung nach einem Burnout, wie er auch in den Burnout hinein gebraucht hat.

Langzeitstress und die Auswirkungen auf das Gehirn

Unter Langzeitstress wird von unserem Organismus vermehrt Cortisol ausgeschüttet und schädigt auf Dauer die Nervenzellen im Hippocampus. Dieser Bereich gehört zum limbischen System unseres Gehirns, regelt in emotionalen Situationen (Stress) den Erregungslevel und ist eine Schnittstelle zur Reiz-Weiterleitung und damit auch zu unserem Gedächtnis. Die Schädigung dieses Bereichs scheint dafür verantwortlich zu sein, Stresserfahrungen nicht mehr verarbeiten zu können und die für Langzeitstress typische Vergesslichkeit, Orientierungslosigkeit und emotionale Stimmungsveränderung bis hin zur Depression zu bewirken. Die gute Nachricht: Meditation fördert den Aufbau neuer Zellen im Hippocampus, wie neue Forschungen zeigen konnten. Mehr dazu im Folgenden.

Die Rolle der Achtsamkeit

Die Praxis der Achtsamkeit optimiert unser steinzeitliches Stress-Reaktionssystem für die heutigen Anforderungen und kann somit als das längst notwendige Update für die heutige Zeit angesehen werden. Mittlerweile ist es eher unangebracht, einem Gegenüber mit einem Fausthieb zu begegnen oder Hals über Kopf die Flucht zu ergreifen. Katastrophen, Unfall- oder

Gewaltsituationen sind davon ausgenommen, denn genau für solche Situationen ist das Überlebensprogramm konzipiert.

Achtsamkeit hilft, die Aufschaukelung von Stressprozessen zu reduzieren, die Stresshormon-Belastung auf ein der Situation angemessenes Minimum zu reduzieren, und ermöglicht uns damit, langfristig gesünder zu leben, (Über-)Empfindlichkeiten und Angstchronifizierungen abzubauen, die Fähigkeit zu logischem Denken auch in schwierigen Situationen aufrechtzuerhalten, damit handlungsfähig zu bleiben und klare Entscheidungen zu treffen. Wieso?

Auswirkung von Meditation und Yoga

Die Übung der Meditation hat wissenschaftlich nachgewiesene Auswirkungen auf unsere Gehirnaktivität und damit auch auf unseren Hormonhaushalt. So hat eine Studie mit MBSR-Teilnehmern, die das 8-Wochen-Programm mit einem täglichen Training von 45 Minuten absolviert hatten, unter anderem eine Verdichtung der grauen Substanz im Hippocampus festgestellt. Diese Veränderung zeigte die Kontrollgruppe, die aus Menschen von der Warteliste eines MBSR-Kurses bestand, nicht. Da im Hippocampus bei Langzeitstress und damit einhergehender hoher Cortisol-Ausschüttung eine Abnahme der grauen Substanz zu verzeichnen ist, liegt der Schluss nahe, dass Meditation das neuronale Wachstum dieser Region fördert und damit zu einer höheren Stressresistenz führt.[10] Ebenso konnte beobachtet werden, dass mit der Reduktion des empfundenen Stresses ein Abbau der Dichte der grauen Substanz in der rechten Amygdala (Mandelkern) einherging.[11] Dieser Bereich ist insbesondere bei Angst stark aktiviert. Da sich bei Forschungen mit unter Dauerstress gesetzten Versuchstieren eine Vergrößerung des Mandelkerns beobachten ließ, liegt der Schluss nahe, dass sich durch die Verkleinerung des Mandelkerns und seiner Substanz auch das Empfinden von Angst reduziert. Meditation steigert darüber hinaus die Aktivität der linken frontalen Regionen des Gehirns, was anscheinend eine allgemeine Stimmungsverbesserung zur Folge hat. Sie bewirkt wohl ebenfalls eine Vermehrung der grauen Substanz im präfrontalen Kortex, und man geht davon aus, dass sich dadurch die damit verbundenen Fähigkeiten wie Aufmerksamkeit, Mitgefühl und Empathie verbessern.[12] Durch achtsam durchgeführte Körperübungen (Body-Scan und Yoga) wird die graue Substanz des rechten vorderen Inselkortex ausgebildet, mit dem Effekt, dass sich die achtsame Wahrnehmung körperlicher Empfindungen steigert.[13] Vor dem Hintergrund dieser Veränderungen im Gehirn ist die Beobachtung nicht verwunderlich, dass regelmäßige Meditation den Stresshormonspiegel senkt, das Immunsystem stärkt und sich chronische Schmerzen, Herz-Kreislauf-Erkrankungen, Schlafstörungen, Angst, Phobien und Essstörungen reduzieren. Eine aktuelle Studie[14], die Dr. Dhanunjaya Lakkireddy aus Kansas City durchführte, zeigte, dass regelmäßige Yogapraxis die Häufigkeit von Vorhofflimmer-Episoden/Herzrhythmusstörungen sowie die Zahl von Episoden, bei denen es sich nur so anfühlt, jedoch keine wirkliche Arrhythmie zugrunde liegt (sogenannte Phantom-Palpitationen), reduziert. Abgesehen davon verbesserte sich auch die Lebensqualität der Patienten bemerkenswert, weil sich Angstgefühle und Depressionen reduzierten. Darüber hinaus wirkte sich die Yogapraxis positiv auf Blutdruck und Cholesterinspiegel aus.

Wer mehr über die Auswirkungen von meditativen Übungen auf unser Gehirn erfahren möchte, dem empfehle ich das wirklich kurzweilige und gut zu lesende Buch von Ulrich Ott *Meditation für Skeptiker. Ein Neurowissenschaftler erklärt den Weg zum Selbst* sowie das Buch von Rick Hanson und Richard Mendius *Das Gehirn eines Buddha.* Nähere Angaben finden Sie im Literaturverzeichnis im Anhang.

Praktische Anwendung im Alltag

Durch die Achtsamkeit bemerken wir schneller, wenn sich unserere Situation dahingehend verändert, dass es für uns potenziell gefährlich und unser lebensnotwendiges Gleichgewicht gestört werden könnte. In der Selbstbeobachtungsübung der vergangenen Woche konnten Sie erleben, wie Sie auf einen Reiz reagierten. Jeder Reiz, der uns begegnet, ist von seiner Grundstruktur her erst einmal neutral. Die Bedrohung beginnt im Kopf, in Ihren Gedanken, in Ihren Annahmen über die Welt, in Ihren Bewertungen, in Ihren »Trigger-Schablonen«. Je mehr Ihnen im Alltag bewusst wird, wie Sie auf einen Reiz reagieren, wie Sie bewerten, und Sie mehr und mehr eine offene, neugierige Haltung einnehmen, desto geringer wird Ihr gefühlter Stress sein. Je weniger Sie das, was passiert, als Bedrohung interpretieren, desto besser ist die Zusammenarbeit aller Hirnbereiche und damit auch Ihre Fähigkeit, auf Ihr gesamtes Spektrum an Wissen und Bewältigungsmöglichkeiten zurückzugreifen (Cool-System). Da wir durch Achtsamkeit lernen, unsere vorschnellen Bewertungs- und Reaktionsautomatismen abzubauen, reduziert sich die Stressresonanz unseres Organismus. Das regelmäßige Training in Yoga und Meditation verändert Ihre Hirnaktivität. Je geübter Sie sind, desto leichter wird es Ihnen fallen, auch im Alltag zentriert zu bleiben, statt sich von Aufschaukelungsprozessen (Hot-System) mitreißen zu lassen. Eine sehr praktische alltagstaugliche Übung zur Zentrierung ist der »Atemraum«:

Präsenz im Alltag – der »Atemraum«

Beim »Atemraum« können wir uns bewusst darin üben, aus den Stress-Aufschaukelungsprozessen, aus dem Hamsterrad des Autopiloten auszusteigen und uns mit der Echtheit und der unmittelbaren Qualität des Augenblicks wieder zu verbinden. Er kann für uns so etwas werden wie ein Neustart, eine Neuausrichtung, wenn wir merken, dass wir uns in unseren Aktionen verrannt oder verzettelt haben, wenn wir spüren, dass wir keinen Durchblick mehr haben und uns dringend sortieren sollten, bevor Schlimmeres passiert. Die wohl zentralste Fähigkeit, um die es im MBSR geht, ist, die Aufmerksamkeit im gegenwärtigen Moment zu halten. Von hier aus können wir bewusst unser Leben gestalten. Es bedarf lediglich Ihrer Erinnerung an die Achtsamkeit im Alltag und Ihrer Entscheidung, sich dem gegenwärtigen Moment bewusst zuzuwenden. Das ist schon alles.

Sie finden die Übung des »Atemraums« auf der CD 1. Machen Sie sich möglichst schnell unabhängig von diesem CD-Track. So können Sie spontan jede Situation nutzen und sich immer wieder zwischendurch zentrieren. Sie können den »Atemraum« in jeder Situation durchführen. Er ist überaus praktisch. Sie brauchen nicht erst eine formale Meditationshaltung einzunehmen. Eine aufrechte, wache und würdevolle Haltung reicht vollkommen. Das kann sitzend auf Ihrem Bürostuhl sein, auf der Toilette oder stehend im Aufzug, an der Bushaltestelle, am Kaffee-Automaten oder der Supermarktkasse. Nutzen Sie Wartezeiten zum Üben, anstatt sich über die Langsamkeit des Kaffee-Automaten oder über die Länge der Schlange aufzuregen. Der »Atemraum« ist meines Erachtens die schnellste Art, im Alltag formal zu üben und dem täglichen Wahnsinn effektiv und unauffällig mit einer meditativen Praxis zu begegnen.

Die Übung des »Atemraums«

1. Die Aufmerksamkeit sammeln

Sammeln Sie Ihre Aufmerksamkeit im jetzigen Moment, indem Sie ganz bewusst eine aufrechte und würdevolle Haltung einnehmen. Wenn es Ihnen angenehm ist, können Sie auch die Augen schließen. Richten Sie Ihre Aufmerksamkeit auf sich selbst aus und fragen Sie sich: »Was nehme ich im Moment wahr … was denke ich gerade? Welche Gefühlsregungen sind gerade in mir? Was kann ich in meinem Körper fühlen?« Erlauben Sie sich, Ihre Erfahrung einfach nur wahrzunehmen, zu registrieren.

Auch wenn das, was Sie spüren, vielleicht gerade unangenehm oder von Ihnen nicht gewollt ist.

2. Mit dem Atem Kontakt aufnehmen
Nun richten Sie Ihre gesamte Aufmerksamkeit entschieden und dennoch sanft auf das Fühlen des Atems. Bleiben Sie beim gesamten Einatmen und dann dem gesamten Ausatmen präsent. Atemzug für Atemzug fühlen. Verbinden Sie sich durch Ihren Atem wieder mit dem Hier und Jetzt.

3. Die Aufmerksamkeit ausdehnen
Erweitern Sie nun langsam Ihre Aufmerksamkeit, von Ihrem Atem ausgehend, so dass Sie auch Ihren gesamten Körper, Ihre Haltung und auch Ihren Gesichtsausdruck wahrnehmen. Bleiben Sie so für einige Atemzüge in voller Präsenz. Nehmen Sie dann einen tiefen Atemzug, recken und strecken Sie sich und bewahren Sie sich Ihre Aufmerksamkeit, so lange es Ihnen möglich ist.

Inspirationen für einen achtsamen Arbeitstag[15]

- Nehmen Sie sich jeden Morgen etwas Zeit für sich, beispielsweise indem Sie kurz raus in Ihren Garten oder auf Ihren Balkon gehen, fühlen Sie das Gras unter Ihren Füßen, hören Sie die Vögel, den Wind in den Bäumen, meditieren Sie, trinken Sie in Ruhe Ihren Kaffee oder Tee, machen Sie einen kurzen Spaziergang.
- Sobald Sie das Haus verlassen, verbinden Sie sich bewusst mit Ihrem Atem. Ist er schnell oder langsam, tief oder flach?
- Machen Sie sich bewusst, wie sich Ihr Körper auf dem Weg zur Arbeit anfühlt. Lösen Sie auftauchende Spannungen mit einem achtsamen Ausatmen. Lassen Sie die Schultern bewusst nach hinten unten sinken, öffnen Sie Ihre eventuell zu Fäusten geballten, verkrampften Hände.
- Lassen Sie probehalber mal das Radio aus und erlauben Sie sich, während des Autofahrens in Stille mit sich zu sein.

- Entscheiden Sie sich bewusst zur Langsamkeit beim Autofahren. Statt permanent links zu fahren, nutzen Sie das Rechtsfahrgebot und fahren Sie mal genauso langsam wie das Auto vor Ihnen auf der rechten Spur.
- Nutzen Sie rote Ampeln als meditative Pausen. Verbinden Sie sich mit Ihrem Atem. Fühlen Sie ihn bewusst, wie er ein- und ausströmt. Die Ampel wird nicht schneller grün, wenn Sie sich aufregen.
- Kommen Sie bewusst an Ihrem Arbeitsplatz an und geben Sie sich Zeit für den Übergang. Orientieren Sie sich, hören Sie, schauen Sie, riechen Sie, machen Sie sich Ihren Tee oder Kaffee, setzen Sie sich bewusst hin und beginnen Sie Ihre Arbeit in der bewussten Absicht, nun anzufangen.
- Bleiben Sie in Kontakt mit Ihrem Körper. Lösen Sie auftauchende Spannung bewusst mit dem Ausatmen.
- Geben Sie sich die Gelegenheit, in Ihrer Pause wirklich aufzutanken. Wechseln Sie den Raum, gehen Sie spazieren, machen Sie ein kleines Nickerchen, essen Sie vitamin- und nährstoffreich in Ruhe an einem angenehmen Ort, wenn Sie mögen auch mal in Schweigen.
- Machen Sie es sich zur Gewohnheit, jede Stunde eine kurze Pause von 1–3 Minuten zu machen, tief durchzuatmen, kurz aus dem Fenster zu schauen und sich innerlich von dem zu lösen, was sie gerade so beschäftigt und regelrecht absorbiert hat.
- Lassen Sie sich von Klingeltönen regelmäßig daran erinnern, wieder ins Hier und Jetzt zurückzukommen. Machen Sie einen bewussten Atemzug, wenn Ihr Handy oder Telefon klingelt, und nehmen Sie erst dann das Gespräch an.
- Achten Sie bewusst auf das Wetter, den Himmel, die Temperatur und die Luft, wenn Sie das Gebäude zum Feierabend verlassen. Wie reagieren Sie darauf? Stellen Sie Ablehnung oder Zustimmung den Wetterqualitäten gegenüber fest. Schauen Sie, ob Sie der gegenwärtigen Qualität in freundli-

cher Offenheit und Akzeptanz begegnen können. Wie geht es Ihnen dann damit?

- Nutzen Sie den Heimweg bewusst als Übergangs- und Loslösungsprozess von Ihrem Arbeitsalltag. Nehmen Sie die Eindrücke des Weges bewusst wahr, den Himmel, die Bäume, die Menschen. Was beschäftigt Sie gerade? Wie geht es Ihrem Körper, Ihrem Geist? Wie fließt Ihr Atem?
- Zu Hause angekommen, fühlen Sie sich bewusst ein. Welche Stimmung können Sie wahrnehmen, welche Geräusche? Begrüßen Sie die einzelnen Mitglieder Ihrer Familie. Wechseln Sie Ihre Arbeitskleidung gegen Freizeitkleidung, in dem Bewusstsein, den Arbeitsalltag und seine Belange damit für heute hinter sich zu lassen und voll und ganz in Ihrem Zuhause angekommen zu sein.
- Nehmen Sie sich 5–10 Minuten Zeit, um ganz mit sich in Stille zu sein.

Übungen für die 4. Woche

- Üben Sie weiterhin an 6 Tagen der Woche abwechselnd Body-Scan und Yoga.
- Ebenso an den 6 Tagen 15–20 Minuten die Sitzmeditation mit Achtsamkeit auf den Atem (selbständig, ohne CD).
- Üben Sie den »Atemraum« dreimal täglich zu vorher festgelegten Zeiten.
- Werden Sie sich bewusst, auf welche Art und Weise Ihr Organismus auf Stress reagiert (z. B. Herzklopfen, Muskelspannung, flacherer Atem, Zittern). Schreiben Sie die Symptome auf, sie werden zu Ihren hilfreichen Signalen.
- Woran können Sie bemerken, dass Sie sich in einer Situation verrannt oder festgefahren haben?
- Lassen Sie die Inspirationen für einen achtsamen Arbeitstag in Ihren Alltag einfließen.

WOCHE 5

Mit Schwierigkeiten umgehen lernen

Meilenstein: Die Hälfte des Programms ist geschafft

Herzlichen Glückwunsch! Sie haben bis hierher durchgehalten. Sie können sich dazu wirklich gratulieren. Es ist nicht leicht, so etwas selbständig und ohne die Unterstützung einer Gruppe zu schaffen. Darauf können Sie stolz sein! Dies ist jetzt auch die Gelegenheit, sich noch einmal bewusst auf die kommenden vier Wochen des Programms einzustimmen. Was haben Sie bisher lernen können? Was hat sich heilsam für Sie verändert, und was kann Ihnen helfen, dies zu sichern oder noch weiter auszubauen? Vielleicht gibt es auch etwas, womit Sie nicht ganz zufrieden sind, vielleicht würden Sie gerne intensiver als bisher üben, mehr Zeit für die Übungen haben oder auch das eine oder andere Buch zum Thema lesen. Überlegen Sie, was Sie ganz praktisch tun können, damit Sie davon etwas realisieren. Und dann: Endspurt! Ran an die nächsten vier Wochen.

Reflexion der Erfahrungen der vergangenen Woche

Ihre vierte Übungswoche ist nun vorbei. Wie hat sich die Übung des »Atemraums« auf Sie ausgewirkt? Welche Stressreaktionen konnten Sie in dieser Woche an sich beobachten? Was geschah in dem Moment des Bemerkens. Hat sich dadurch etwas verändert? Woran konnten Sie merken, dass Sie sich gerade festgefahren haben, und was ist geschehen, als Sie sich dieses Momentes bewusst wurden?

Umgang mit Schwierigkeiten

Es kann sein, dass Sie gerade eine Art Praxis-Frust erleben. Die Übungen laufen immer gleich ab, vielleicht können Sie mittlerweile im Body-Scan schon mitsprechen. Langeweile kommt auf, und der Unruhegeist strebt nach neuen Reizen. Wer bisher vollkommen wach beim Body-Scan war, kann jetzt manchmal erleben, dass sich eine bleischwere Müdigkeit breitmacht und Unlust aufkommt, mit dem Body-Scan fortzufahren. Die »Flitterwochen« sind vorbei, nun beginnt die wirkliche Praxis: mit dem sein, was ist – ganz unmittelbar.

Lassen Sie sich nicht beirren. Üben Sie weiter. Die Praxis ist nur der Spiegel unserer alltäglichen Tendenzen. Wie im wirklichen Leben erleben wir auch hier Frustration, Langeweile, erhebende Momente, Freude, Hoffnung und Enttäuschung. Wenn Schwierigkeiten in der Praxis aufkommen, ist das kein Zeichen dafür, dass Sie etwas falsch machen, sondern es ist eine Möglichkeit zu lernen, wie Sie sich dem annähern können, was gerade geschieht, es erforschen, wie es geschieht, und sich in Geduld, sanfter Disziplin und Fürsorge sich selbst gegenüber üben. Und genau darum wird es in dieser Woche gehen.

Integration statt Abwehr

Das Thema dieser Woche wird sein, dass Sie sich darin üben, mit Unannehmlichkeiten, die sich unweigerlich selbst bei der besten Vorbereitung einstellen können, heilsam umzugehen. Wie bereits mehrfach erwähnt, zielt die Praxis der Achtsamkeit nicht darauf ab, Ungewolltes oder Unangenehmes aus dem Leben auszuschließen oder sich mit den Übungen in ein Traumparadies zu meditieren und ein von der »bösen« Welt abgeschottetes Räucherstäbchen-Refugium zu basteln. Vielmehr geht es darum, mit dem, was gerade in Ihrem Leben gegenwärtig ist, in einen offenen und wertneutralen Kontakt zu kommen. Das hat einen Sinn. Solange wir nämlich etwas nicht haben wollen, ist unser Stressmodus aktiv, da wir uns mit unserem Organismus in der Verteidigung oder auf der Flucht vor dem, was wir nicht haben wollen, befinden. Solange wir also versuchen, gegen alle Störungen vorzugehen (was nie wirklich zufriedenstellend klappen wird), halten wir uns selbst in der Stressspirale gefangen. Das mag sich am Anfang irritierend anfühlen, denn wir machen damit genau das Gegenteil von dem, was unser Stressprogramm von uns verlangt: Statt anzugreifen, uns zu verteidigen oder wegzulaufen, bleiben wir aufmerksam dabei und beobachten, was geschieht. Wir begeben uns also nicht in das Drama hinein, wir lassen uns nicht in den Strudel der Bewertungen, Verurteilungen, Interpretationen und Handlungsimpulse ziehen. Wir nehmen dies alles zwar bewusst wahr, aber wir üben uns darin, ihnen nicht zu folgen. Was bringt uns das?

1. Wertneutralität/Offenheit schützt uns vor unangemessenen Stressreaktionen.
2. Aufschaukelungsprozesse werden vermieden. Das bewirkt eine wesentlich geringere Stresshormon-Belastung, wesentlich weniger störende Emotionen und damit einen klareren Kopf.
3. Einer Verschlimmerung der Situation durch die Folgen unüberlegter Handlungen wird vorgebeugt.

Diese innere Haltung der Präsenz zu kultivieren braucht Übung. Und genau darum wird es in dieser Woche gehen: Wir nutzen die üblichen Störungen der Meditation, um uns darin zu üben, mit dem, was wir am liebsten vermeiden würden, in Kontakt zu bleiben. Störungen, die uns in der Meditationspraxis immer wieder begegnen, sind: unangenehme Körperempfindungen/Schmerz, Störgeräusche, viele Gedanken und schwierige Emotionen. So kann es sein, dass Sie an einem Tag die Meditation ausfallen lassen wollen, weil es gerade viel zu geschäftig in Ihrem Kopf zugeht, Sie vielleicht nervös oder schlecht gelaunt sind, Rücken- oder Kopfschmerzen haben. Vielleicht erleben Sie auch Störgeräusche, weil in Ihrer Nachbarschaft jemand den Rasen mäht oder die Hecke schneidet,

Kinder auf der Straße toben oder die Rushhour Ihnen ein Hupkonzert vor der Haustür beschert. Es wäre schade, wenn Sie gerade jetzt auf die Meditation verzichten würden, denn genau jetzt kann sie Ihnen besonders von Nutzen und ein Anker in den Turbulenzen Ihres Lebens sein. Darüber hinaus haben Sie durch diese Störungen die besten Bedingungen für eine fruchtbare Übungspraxis, die weit über den Wunsch nach Entspannung hinausgehen wird: Sie erwerben hier die Fähigkeit, auch mit den Störungen im Alltag, den Widrigkeiten, den Situationen, die Sie so beim Universum nicht bestellt haben, umzugehen – ohne Drama, ohne Stress. Eben »Leben mit der vollen Katastrophe« – dieser Titel ist Programm.

Lassen Sie uns schauen, wie Sie sich in der Meditation dem annähern können. Nachfolgend finden Sie ausführliche Anweisungen zum Umgang mit den einzelnen Störungen, die Sie für Ihre Meditation verwenden können. Im Anschluss daran folgt eine kürzere Version, die der Meditationsanleitung auf der zweiten CD entspricht. Diese Übung wird ab heute zu Ihrem Programm gehören. Ich wünsche Ihnen viel Freude beim Experimentieren. Und sollten Sie während der Übung vielleicht gerade in dem Moment, in dem es um unangenehme Körperempfindungen geht, keine bemerken, oder bei den Emotionen keine verspüren, lassen Sie sich davon nicht beunruhigen. Machen Sie einfach weiter, hören Sie die Anweisungen auf der CD, damit Sie sie verinnerlichen und sich daran erinnern, wenn Sie sie brauchen. Sollten Ihnen die Pausen zwischen den einzelnen Anweisungen auf der CD zu kurz sein und Sie bei der einen oder anderen Anweisung länger verweilen wollen, stoppen Sie einfach die CD so lange, bis es für Sie stimmig ist, fortzufahren.

Umgang mit körperlichem Schmerz

Körperliche Schmerzen bewirken in den meisten von uns reflexartig eine Flucht- oder Abwehrhaltung, und schnell kommen Aspirin und Co. zum Einsatz. Doch was tun, wenn gerade kein Schmerzmittel zur Hand ist oder Sie gezwungen sind, mit

Schmerzen zu leben? Das ist, je nachdem, wie Sie sich damit arrangieren können, ziemlich belastend. Mit körperlichen Unannehmlichkeiten zu üben schult uns in Gleichmut und stärkt unsere Fähigkeit, nicht immer reflexartig mit Flucht, Abwehr und Drama auf alles zu reagieren, was uns unangenehm erscheint, und es reduziert die gefühlte Belastung. Auch wenn Sie keine Schmerzpatientin sind, kann diese Übung Ihnen helfen, mit den Unannehmlichkeiten des Alltags gelassener umzugehen und nicht wegen jedem Zipperlein die Meditation zu unterbrechen.

Da während der Meditation gerade am Anfang immer mal wieder unangenehme Körperempfindungen auftreten, wie eingeschlafene Füße, Kribbeln oder Jucken der Haut, Schmerzen in den Knien, im Rücken oder den Schultern, lassen sich diese hervorragend zum Üben nutzen. Betrachten Sie diese Unannehmlichkeiten, wenn sie auftreten, als willkommenes Übungsfeld. Dies ist Ihre Gelegenheit, im geschützten meditativen Rahmen mit Störungen und Schwierigkeiten umgehen zu lernen und dies dann auch auf Ihre alltäglichen Herausforderungen zu übertragen.

Vielleicht bemerken Sie den dringenden Impuls, sofort Ihre Stellung zu verändern, um sich Erleichterung zu verschaffen. Bevor Sie aber reflexartig alle zwei Minuten Ihre Stellung verändern und so wohl kaum zur Ruhe kommen, üben Sie sich stattdessen in bewusster Gestaltung statt in reflexartiger Reaktion.

Nehmen Sie dazu das unangenehme Körpergefühl und den Bewegungsimpuls bewusst wahr. Doch lassen Sie sich auf Letzteren nicht ein. Beobachten Sie lediglich, was passiert, wenn Sie nicht wie üblich auf die Störung mit Bewegung reagieren. Stattdessen erlauben Sie der Körperempfindung, da zu sein, erlauben Sie Ihrem Körper, so zu sein, wie er jetzt gerade ist, vielleicht unruhig oder schmerzend. Dehnen Sie Ihre Aufmerksamkeit auf Ihren Körper als Ganzes aus. Sitzen Sie mit ihm in einer wohlwollenden, annehmenden und offenen inneren Präsenz für das, was jetzt ist, ohne sich davon faszinieren, erschrecken oder sich von Drama-Selbstgesprächen davonreißen zu lassen. Lassen Sie sich von etwaigen Kommentaren oder Gedankenfluten nicht beirren und ablenken. Lösen Sie sich sofort davon und wenden Sie Ihre Aufmerksamkeit entschieden, aber sanft wieder dem Fühlen Ihres Körpers zu. Unangenehme Körperempfindungen sind Phänomene, die häufig in der Meditation auftauchen und meist verschwinden, wenn wir sie sein lassen, wie sie sind, und ihnen nicht mehr Aufmerksamkeit schenken als unbedingt nötig und sie auch nicht durch Kommentare, Vorstellungen oder Dramatisierung weiter anheizen.

Sollte das Gefühl jedoch für Sie so unangenehm sein, dass Sie Ihre Position verändern möchten oder gar müssen, dann geben Sie sich dafür Zeit und wählen Sie die Veränderung Ihrer Position mit Bedacht. Begeben Sie sich langsam und mit Aufmerksamkeit für die Bewegungsabläufe in die neue Position hinein. Bleiben Sie in dieser Position, ohne sie erneut zu verändern.

Alternativ können Sie sich auch bewusst der Erforschung der unangenehmen Körperempfindung widmen und sich so der meist ungewollten Empfindung annähern. Beginnen Sie zu erforschen, was für eine Körperempfindung es ist und wo genau sie zu spüren ist. Was für eine Qualität oder Struktur hat die Empfindung? Ist sie heiß oder kalt, bohrend oder reißend, prickelnd, stechend oder dumpf. Ist sie klar begrenzt oder fließend in ihrer Kontur, wandert sie, kommt sie in Wellen oder bleibt sie gleich, schwillt sie an und dann wieder ab? Beobachten Sie, was passiert. Erlauben Sie sich, statt dagegen anzukämpfen, sich in die Empfindung hinein zu entspannen, wie Sie es auch schon vom Yoga her kennen. Seien Sie sich dabei Ihrer Reaktionen bewusst. Vielleicht stellen Sie fest, dass Sie mit Ablehnung reagieren. Lassen Sie auch diese Regung da sein und beobachten Sie schlicht, was geschieht, wenn Sie alles lassen, wie es ist, und nur fühlend beobachten.

Es mag sein, dass Ihre Aufmerksamkeit ganz natürlich von der Körperempfindung abschweift, sobald die körperliche

Empfindung nachlässt. Bemerken Sie das und richten Sie dann Ihre Aufmerksamkeit bewusst wieder auf die Atemempfindung.

Diese Herangehensweise kann Ihnen für den Alltag helfen, aus dem üblichen Autopilot-Reaktionsmodus auszusteigen und nicht mehr gewohnheitsmäßig in Angst und Schrecken zu verfallen, wenn Ihr Körper unangenehme Körperreaktionen zeigt. Stattdessen üben Sie sich darin (wie auch im Body-Scan), bei der reinen Empfindung zu bleiben und bewusst zu entscheiden, wie Sie damit umgehen wollen – ohne Drama und dadurch mit weniger Leid und Stressempfinden.

Geräusche da sein lassen

Auch Geräusche können uns in unserer meditativen Übung stören – wenn wir ihnen das gestatten. Als Alternative können Sie die Geräusche auch ganz bewusst als Übungsobjekte nutzen, vergleichbar mit einer Hantel beim Training. Je geübter sie sind, desto leichter wird es ihnen fallen, trotz Geräuschen präsent zu bleiben.

Richten Sie Ihre Aufmerksamkeit anstrengungslos auf das Hören. Lassen Sie die Geräusche auf Ihr Ohr treffen, ohne sich dazu besonders zu fokussieren. Seien Sie vielmehr einfach präsent für das, was geschieht, und erlauben Sie sich Moment für Moment, Geräusch für Geräusch, Ton für Ton wahrzunehmen. Bleiben Sie aufmerksam im Jetzt und Hier. Wenn Sie bemerken, dass Sie mit Ihrer Aufmerksamkeit im Geiste davoneilen, vielleicht auf die Straße zu dem vermuteten Ursprung des Geräuschs, so bringen Sie Ihre Aufmerksamkeit bewusst wieder zurück zum reinen Hören, zurück in Ihr Zimmer, in dem Sie gerade sind, zurück zu Ihrer Position, in der Sie sitzen, zurück zu Ihrem Ohr. Seien Sie sich des Tons oder des Geräuschs, das jetzt in diesem Moment auftaucht, bewusst, ohne es zu bewerten, zu benennen oder zu verfolgen. Es taucht auf und vergeht. Lassen Sie es sofort wieder los und richten Sie Ihre Aufmerksamkeit auf das jetzt jeweils aktuelle. So haben Sie immer wieder Platz in Ihrer Aufmerksamkeit für das Geräusch, das jetzt auftaucht, Moment für Moment – immer wieder neu.

Versuchen Sie bewusst, die Geräusche wahrzunehmen, achten Sie aber auch einmal bewusst auf den kleinen Raum, die kleine Stille, zwischen den Geräuschen.

Nehmen Sie wahr, wie Sie auf die Geräusche reagieren. Werden Sie unruhig, fühlen Sie sich gestört, wollen Sie sie weghaben? Schauen Sie, was passiert, wenn Sie sich bewusst dafür entscheiden, sich für das Phänomen Geräusch zu öffnen – ohne es zu bewerten –, und es da sein lassen und Sie Moment für Moment, Ton für Ton aufmerksam bleiben. Es ist eine Übung! Begegnen Sie sich selbst mit Freundlichkeit und Großzügigkeit, wenn Sie bemerken, dass es vielleicht heute nicht ganz so klappt, wie Sie es gerne hätten.

Wann immer Sie bemerken, dass Sie abschweifen oder sich zu stark auf die Geräusche fixieren, sich in Bildern und Konzepten verlieren, bringen Sie sich sanft, freundlich, aber bestimmt wieder zurück ins Hier und Jetzt. Ohne Kommentar. Kommen Sie einfach nur zurück zu Ihrem Atem und zu den Wahrnehmungen Ihres Ohrs in diesem Moment.

Achtsamer Umgang mit Gedanken

Bereits in den bisherigen Übungen, dem Body-Scan, dem Yoga und auch der Meditation auf den Atem, haben Sie sicher reichlich Bekanntschaft mit den durch Ihren Geist ziehenden Gedankengebilden gemacht und sich darin geübt, sich nicht mehr so stark mit den Gedanken zu identifizieren oder ihnen nachzuhängen. Ich möchte Sie einladen, sich ihnen noch auf eine andere Art und Weise zu widmen, die besonders dann hilfreich sein kann, wenn wir gerade von sehr hartnäckigen Gedanken gequält werden:

Richten Sie dazu Ihre Aufmerksamkeit auf Ihre Gedankenaktivität. Beobachten Sie, wie Gedanken und Bilder kommen und gehen, ohne jedoch auf deren Inhalt anzuspringen, sie zu bewerten oder über sie nachzudenken. Nehmen Sie sie vielmehr als Bewegung Ihres Geistes wahr. Woher kommen Sie, wohin gehen sie? Sie tauchen auf, bleiben eine Weile und verschwinden. Betrachten Sie als unbeteiligter Zuschauer Ihren durch Gedanken bewegten Geist, ohne sich mit dem Inhalt der Gedanken zu beschäftigen. So, als würden Sie am Ufer eines Sees sitzen und dem Spiel der Wellen zuschauen, ohne jedoch in ihm baden zu gehen.

Das Spiel der Wellen ist vergleichbar mit dem Spiel der Gedanken. So wie die Wellen den Bewegungen des Wassers entsprechen, so die Gedanken den Bewegungen unseres Geistes. Und so wie Wasser immer in Bewegung ist, fließt, sich ständig verändert, so ist auch unser Geist seiner Natur nach ständig in Bewegung, fließt und bildet Gedankenwellen, die aufsteigen und natürlicherweise wieder vergehen, wenn wir nichts mit ihnen machen. Schauen Sie ihnen zu, wie sie auftauchen und wieder vergehen. Impulse flackern auf wie Blitze am Himmel, Bilder zeigen sich kurz und tauchen wieder ab ins Dunkel, werden abgelöst von neuen Bildern oder Wortfetzen. Schauen Sie diesen Phänomenen zu, ohne darauf einzusteigen. Lassen Sie das Spiel von selbst ablaufen. Bleiben Sie offen und weit für alles, was kommt. Wie auch das Meer offen ist für alle Wellenformationen oder wie ein langer, weiter Strand, an dem sich die Wellen, ob klein oder groß, auslaufen können.

Alternativ könnten Sie sich auch vorstellen, dass Sie in einem Kinosessel sitzen und Ihre Gedanken als Bilder auf einer imaginären Leinwand vorüberziehen lassen. Ein Bild nach dem anderen taucht auf. Sie können den Ton wegdrehen, die Farben in Schwarzweiß wechseln lassen, den Film aus- und wieder anstellen. Sobald Sie merken, dass Sie Teil des Films geworden sind, wechseln Sie zurück auf den Kinosessel. Die Gedanken sind nur Gedanken. Sie sind Trugbilder wie der Traum der letzten Nacht. Auch wenn sie noch so real erscheinen; das, was Sie sich gerade vorgestellt haben, hat den Wirklichkeitscharakter eines Traums. Daher kommt auch der Begriff »tagträumen«.

Betrachten Sie Ihre Gedanken auf diese Weise und üben Sie, so mit Ihnen umzugehen. Sie werden erkennen, dass es gar nicht nötig ist, ihnen zu folgen, genauso wie es nicht nötig ist, auf einen Traum zu reagieren. All die Wut, Verzweiflung, Trauer, Rastlosigkeit, Nervosität und Angst, die Sie erleben, wenn Sie auf Ihre Gedankenfilme einsteigen, gibt es nur, weil Ihr Organismus nicht zwischen Realität und Gedanken unterscheiden kann. Diese Gefühlsregungen zu erleben ist kein Beweis dafür, dass die Gedankenfilme real sind. Und genauso wie sich Ihre Gefühle wieder beruhigen, wenn Sie aus einem Traum aufwachen und erkennen, dass es nur ein Traum war, genauso beruhigen sich Ihre Gefühle, wenn Sie die Flüchtigkeit und den illusionären Charakter Ihrer Gedanken/Tagträume erfahren. Ohne diese Erfahrung haben Gedanken Macht über Sie, da Sie sie für wirklich halten. Mit dieser Erfahrung sehen Sie, dass da nichts ist, dem sie folgen müssen. Sie sind eine Fata Morgana, ein Trugbild, ein Irrlicht. Dies zu realisieren ist befreiend. Es schenkt ihnen die Freiheit von der Sklaverei Ihrer Gedanken. Sie können nachdenken, wenn Sie dies wünschen, doch Sie können auch damit aufhören, wenn Sie wollen. Sie können träumen, wenn es Ihnen gefällt, sie können aber auch zu dem aufwachen, was ist, und an Ihrem Leben wieder teilhaben, ohne sich von Gedanken gängeln und quälen zu lassen. Zu erfahren, dass nichts, aber auch gar nichts von diesen Konstrukten real ist, ist ein bedeutender Schritt auf Ihrem Weg. Damit verliert jedes Drama seine Substanz.

Mit Gefühlen umgehen

Gleiches können Sie auch auf Ihre Gefühlswelt anwenden. Gefühlsregungen wie Ärger, Wut, Eifersucht, Angst, Trauer halten wir für ebenso wirklich wie unsere Gedanken, insbesondere da sie sich auch noch körperlich ausdrücken und zu unangenehmen oder sogar bedrohlich wirkenden Körpersymptomen führen können, zu Herzrasen, Schwitzen, flacher Atmung, Spannungszuständen in den Muskeln, Weinen und so weiter.

Solange wir sie für wirklich halten, stehen wir in ihrem Bann und fühlen uns gezwungen, sie auszuagieren oder zu verdrängen, in der Hoffnung, dass es uns dann bessergeht. Dies ist allerdings nur kurzfristig wirksam und manchmal sogar Quelle von erneutem Stress, weil wir die Situation durch solche Aktionen möglicherweise verschlimmern. Es geht auch anders. Alternativ möchte ich Sie einladen, sich dem Phänomen Gefühl anders zu nähern, es zu erforschen und sich damit vertraut zu machen, um langfristig die Scheu und den Respekt (den wir häufig vor Gefühlen haben) zu verlieren.

Richten Sie dazu Ihre Aufmerksamkeit auf das auftauchende Gefühl und werden Sie sich bewusst, was es ist. Ist es Trauer, Ärger, Wut, Angst oder Eifersucht? Sie haben das auch schon ansatzweise mit dem »Atemraum« geübt. Erlauben Sie sich, ganz gleich, welches Gefühl gerade auftaucht, dass Sie es fühlen dürfen. Es darf so sein, wie es ist, Sie dürfen damit sein, genau mit dem Gefühl oder auch dem Gefühlschaos jetzt in diesem Moment. Sie dürfen Wut fühlen, Sie dürfen Trauer fühlen, Sie dürfen sich verletzt, verwirrt oder einsam fühlen. Es mag sein, dass Sie Angst bekommen, das Gefühl könnte Sie vollkommen überrollen. Doch was kann passieren? Sie sitzen auf Ihrem Kissen und ja, vielleicht fangen Sie an zu weinen, vielleicht wird Ihnen heiß und Ihr Herz klopft. Das gehört zu unserem Menschsein dazu. Es ist nichts daran verkehrt oder verwerflich. Es ist nichts Schlechtes daran, Wut in sich zu fühlen (auch wenn Sie vielleicht so erzogen wurden). Sich allerdings der Kraft der Wut nicht bewusst zu sein und nicht gelernt zu haben, mit ihr konstruktiv umzugehen, das kann wirklich fatale Folgen haben. Auf Ihrem Meditationskissen kann Ihnen nichts passieren. Dies ist der sicherste Ort zu lernen, mit dem, was Sie an Kraft und Energie in sich tragen und was Sie so oft zu unterdrücken versuchen und was Ihnen gerade ein Loch in die Magenwand frisst, auf heilsame Art umzugehen. Hier und jetzt können Sie in der Meditation lernen, den auftauchenden Gefühlen einen angemessenen Platz zu geben, sie zu erforschen, anstatt sie auszuagieren, zu unterdrücken oder mit Essen, Arbeit, Fernsehen oder Alkohol zu kompensieren. Wie geht das?

Entscheiden Sie sich bewusst, sich dem Gefühl, das gerade in Ihnen auftaucht, aufmerksam zuzuwenden. Ja, es braucht ein bisschen Mut von Ihnen. Nehmen Sie wahr, wie das Gefühl oder die Gefühle in Ihrem Körper und Geist aufsteigen, und richten Sie darauf Ihre volle Aufmerksamkeit. Gefühle sind meist recht gut körperlich spürbar. Welches Gefühl steht jetzt gerade bei Ihnen im Vordergrund, Wut, Ärger, Trauer, Angst? Wo können Sie es im Körper wahrnehmen, vielleicht durch einen Kloß im Hals, ein Engegefühl im Brustraum, Druck im Kopf, Schwere auf den Schultern oder Tränen in den Augen? Erforschen Sie, wie es sich bei Ihnen ausdrückt. Dann halten Sie es sanft in Ihrer Aufmerksamkeit. Erlauben Sie sich, es zu fühlen. Verändert sich das Gefühl? Wird es vielleicht durch ein anderes Gefühl abgelöst, verwandelt es sich oder löst es sich auf? Was auch immer in Ihnen geschieht, bleiben Sie bei sich, in einer annehmenden, wohlwollenden, offenen und liebevoll interessierten inneren Haltung, sanft verbunden mit dem Atem. Es geht nicht darum, das Gefühl durch weitere Bilder oder Selbstgespräche zu verstärken. Wenn Sie merken, dass Ihnen das gerade passiert, lösen Sie sich von den auftauchenden Bildern, Grübeleien und Selbstgesprächen und wenden Sie sich entschieden dem körperlichen Fühlen zu. Vielleicht tauchen die Gefühle in Wellen auf, schwellen an, ebben ab. Was passiert mit den Gefühlen, wenn Sie sie nicht mit weiteren Gedanken und Bildern nähren, sondern nur im Fühlen bleiben? Durch Ihre Beobachtungen wird Ihnen vielleicht bewusst, dass Sie mehr sind als Ihre Gefühle und Gedanken. Auch wenn sich Gefühle sehr massiv darstellen, Ihren Körper stark beeinflussen und Sie verlockt sind, sie für wirklich und substanziell zu halten, sind sie doch nichts anderes als flüchtige Phänomene, die Ihren Körper und Geist durchziehen wie dunkle Wolken den klaren Himmel. Je weniger Sie Körper und Geist mit Gedanken und Bildern nähren, desto leichter ziehen sie vorbei und lösen sich auf. Das lässt sich durch diese Übung beobachten. Sie brauchen nur ein wenig abzuwarten, statt sich von den Gefühlen erschrecken oder faszinieren zu lassen, und sich ihnen mit liebevoller, spürender Aufmerksamkeit widmen.

Was Sie sonst noch mit Gedanken tun können

Sollte Ihnen während der Übung etwas in den Sinn kommen, was Sie überdenken wollen, so schreiben Sie es auf. Das hilft Ihnen dabei, sich nicht im Sog der Gedanken zu verlieren. Das Schreiben ist langsamer als Ihre Gedanken, gibt Ihnen mehr Zeit, Ihre Gedanken zu ordnen, und schützt Sie davor, sich in Grübelschleifen zu verlieren. Je gestresster wir sind, desto dramatischer und wirklicher erscheint uns unsere Gedankenwelt. Doch wir sehen die Welt verzerrt durch unseren Stressfilter. Diese verzerrte Wahrnehmung lässt unser Umfeld nur noch als Bedrohung erscheinen. Schnell meinen wir, die ganze Welt sei gegen uns, was wiederum unsere Stressmechanismen anheizt und zu einer Dramatisierung unserer Wahrnehmung führt mit sich immer weiter verstärkender Grübelneigung. Je früher Sie Stressgedanken bemerken und ihnen nicht mehr folgen, desto besser sind Sie davor geschützt. Wenn Sie bereits in der Lage sind, die Gedanken als vorbeiziehende Phänomene zu betrachten, lassen Sie sie ziehen. Wenn dies noch nicht ganz klappt, gibt es einen Plan B: Machen Sie sich den jeweiligen Gedanken oder Ihre dahinter liegende Sicht der Wirklichkeit bewusst, schreiben Sie diese auf und überprüfen Sie sie dann auf Ihren tatsächlichen Wirklichkeitsgehalt hin. Wie würden Sie beispielsweise in ein paar Monaten, zwei oder zehn Jahren oder in einer anderen Stimmung darüber denken? Wie würde das Ihr Umfeld, beispielsweise Ihr Bruder, Ihre Kollegin, Ihr Freund, Ihre Nachbarin, sehen? Das kann Ihnen zu mehr Abstand von der Thematik verhelfen und Sie so aus der Kralle der Stressspirale befreien.

Meditation zum Umgang mit Störungen

Machen Sie es sich in Ihrer bevorzugten Meditationshaltung bequem. Lösen Sie Spannungen in Ihren Muskeln und geben Sie sich Zeit, auf Ihrem Platz anzukommen. Richten Sie bewusst Ihre Aufmerksamkeit freundlich und wohlwollend auf die Empfindungen des Atems.
Bemerken Sie, wenn Ihre Aufmerksamkeit abschweift. Bringen Sie die Aufmerksamkeit in entschiedener Freundlichkeit und ohne Kommentar ganz einfach wieder zum Fühlen des Atems zurück.

Es mag sein, dass sich nach einiger Zeit Körperempfindungen bemerkbar machen, vielleicht Kribbeln oder Jucken der Haut, Unruhe in den Muskeln, Schmerzen in den Knien, im Rücken oder den Schultern.
Sie mögen den starken Impuls in sich wahrnehmen, sofort Ihre Stellung zu verändern, um sich Erleichterung zu verschaffen. Bevor Sie jetzt allerdings reflexartig alle zwei Minuten die Stellung verändern und so wohl kaum zur Ruhe kommen werden, entscheiden Sie sich dafür, die Unannehmlichkeit als Übungsobjekt zu nutzen, um mit Schwierigkeiten umgehen zu lernen.
Nehmen Sie dazu das unangenehme Körpergefühl und den darauf entstehenden Bewegungsimpuls bewusst wahr. Doch lassen Sie sich darauf nicht ein! Beobachten Sie, was passiert, wenn Sie auf die Störung nicht direkt reagieren. Stattdessen erlauben Sie der Körperempfindung, da zu sein, und dehnen Sie die Aufmerksamkeit auf den Körper als Ganzes aus. Erlauben Sie Ihrem Körper, so zu sein, wie er jetzt gerade ist, vielleicht unruhig, kribbelnd oder schmerzend. Sitzen Sie mit ihm in einer wohlwollenden, annehmenden und offenen inneren Präsenz, ohne sich von den Körperempfindungen faszinieren oder erschrecken zu lassen oder gar ein Drama daraus zu machen. Lösen Sie

sich immer wieder von kommentierenden oder dramatisierenden Gedanken und kommen Sie zurück zum reinen Fühlen Ihres Körpers als Ganzes.

Sollte das Gefühl jedoch für Sie so unangenehm sein, dass Sie Ihre Position wirklich verändern möchten oder gar müssen, dann geben Sie sich Zeit und wählen Sie die Veränderung Ihrer Position mit Bedacht. Bewegen Sie sich langsam und mit Aufmerksamkeit für die Bewegungsabläufe in die neue Position, in der das unangenehme Gefühl nachlässt. Bleiben Sie in dieser Position, ohne sie erneut zu verändern.

Alternativ können Sie sich auch der Erforschung der unangenehmen Körperempfindung widmen und sich auf diese Weise der ungewollten Empfindung annähern. Beginnen Sie zu erforschen, was für eine Körperempfindung es ist und wo genau Sie sie spüren können. Was für eine Qualität oder Struktur hat die Empfindung? Ist sie heiß oder kalt, bohrend oder reißend, prickelnd, stechend oder dumpf? Ist sie klar begrenzt oder fließt ihre Kontur auseinander, wandert sie, kommt sie in Wellen oder bleibt sie gleich, schwillt sie an und dann wieder ab? Beobachten Sie, was passiert. Erlauben Sie sich, statt dagegen anzukämpfen, sich in die Empfindung hinein zu entspannen, wie Sie es auch schon vom Yoga her kennen. Seien Sie sich dabei Ihrer Reaktionen bewusst. Reagieren Sie innerlich mit Ablehnung, Ärger oder Ungeduld? Lassen Sie auch diese Regung da sein und beobachten Sie einfach, was geschieht, wenn Sie alles lassen, wie es ist, und nur fühlend beobachten.

Es mag sein, dass Ihre Aufmerksamkeit ganz natürlich abschweift, sobald die körperliche Empfindung nachlässt. Bemerken Sie das und richten Sie dann Ihre Aufmerksamkeit bewusst wieder auf die Empfindungen des Atems.

Lassen Sie die Körperempfindungen nun in den Hintergrund treten und dehnen Sie Ihre Aufmerksamkeit auf die Geräusche in Ihrem Umfeld aus. Erlauben Sie sich Moment für Moment, Geräusch für Geräusch, Ton für Ton wahrzunehmen. Bleiben Sie aufmerksam im Jetzt und Hier. Wenn Sie bemerken, dass Sie mit Ihrer Aufmerksamkeit im Geiste davoneilen, vielleicht auf die Straße zu dem vermuteten Ursprung des Geräuschs, bringen Sie Ihre Aufmerksamkeit bewusst wieder zurück zum reinen Hören, zurück in das Zimmer, in dem Sie sich gerade befinden, zurück zu der Position, in der Sie sitzen, zurück zu Ihren Ohren, und seien Sie sich des Tons oder des Geräuschs, das jetzt in diesem Moment auftaucht, bewusst – ohne es zu bewerten, mit einem Namen zu versehen oder es mit Ihrer Aufmerksamkeit zu verfolgen. Es taucht auf und vergeht. Lassen Sie es sofort wieder los und richten Sie die Aufmerksamkeit wieder auf das Aktuelle. So haben Sie immer wieder Platz in Ihrer Aufmerksamkeit für das Geräusch, das jetzt auftaucht – Moment für Moment präsent –, immer wieder neu.

Nehmen Sie wahr, wie Sie auf die Geräusche reagieren. Werden Sie unruhig, fühlen Sie sich von ihnen gestört? Wollen Sie sie weghaben? Beobachten Sie, was passiert, wenn Sie sich bewusst dafür entscheiden, sich für das Phänomen Geräusch zu öffnen, ohne es zu bewerten. Was passiert, wenn Sie sich erlauben, dass es da sein darf, und sich darin üben, Moment für Moment, Ton für Ton wirklich aufmerksam zu bleiben.
Es ist eine Übung. Begegnen Sie sich selbst mit Freundlichkeit und Großzügigkeit, wenn es vielleicht heute nicht ganz so klappt, wie Sie es gerne hätten.

Wann immer Sie bemerken, dass Sie abschweifen oder sich zu stark auf die Geräusche fixieren, sich in Bildern und Konzepten verlieren, bringen Sie sich sanft, freundlich, aber bestimmt wieder zurück in den gegenwärtigen Moment. Nehmen Sie Kontakt auf zu Ihrem Atem und richten Sie dann wieder die Aufmerksamkeit auf die Wahrnehmungen Ihrer Ohren.

Lassen Sie die Geräusche in den Hintergrund treten und dehnen Sie Ihre Aufmerksamkeit auf Ihre Gedankenaktivität aus. Statt sie als Störungen Ihrer Meditation zu sehen, machen Sie sie zu Ihrem Meditationsobjekt.

Beginnen Sie zu beobachten, wie Gedanken und Bilder in Ihrem Geist auftauchen, kurz bleiben und dann wieder verschwinden. Woher kommen sie, wohin gehen Sie? Betrachten Sie als unbeteiligter Zuschauer Ihren durch Gedanken bewegten Geist, ohne sich mit dem Inhalt der Gedanken zu beschäftigen. Ganz ähnlich, als würden Sie am Ufer eines Sees sitzen und dem Spiel der Wellen zuschauen, ohne jedoch in ihm baden zu gehen. Das Spiel der Wellen ist vergleichbar mit dem Spiel der Gedanken. So wie die Wellen die Bewegung des Wassers sind, sind die Gedanken die Bewegungen unseres Geistes. Und so wie Wasser immer in Bewegung ist, fließt, sich ständig verändert, so ist auch unser Geist seiner Natur nach ständig in Bewegung, fließt und bildet Gedankenwellen, die aufsteigen und natürlicherweise wieder vergehen, wenn wir nichts mit ihnen machen. Schauen Sie ihnen zu, wie sie auftauchen und wieder vergehen. Impulse flackern auf wie Blitze am Himmel, Bilder zeigen sich kurz und tauchen wieder ab ins Dunkel, werden abgelöst von neuen Bildern oder Wortfetzen. Schauen Sie einfach diesen Phänomenen zu, ohne darauf einzusteigen. Lassen Sie das Spiel von selbst ablaufen. Bleiben Sie offen für alles, was kommt. Wie auch das Meer offen ist für alle Wellenformationen oder wie ein langer, weiter Strand,

an dem sich die Wellen, ob klein oder groß, auslaufen können.
Wenn Sie bemerken, dass Sie sich in den Gedanken verfangen haben, träumen oder planen, dann bringen Sie sich wohlwollend, aber entschieden wieder zurück ins Hier und Jetzt. Spüren Sie, wie Ihr Atem ein- und ausfließt, und sobald Sie sich wieder zentrierter fühlen, beginnen Sie wieder, Ihre Gedankenaktivität vollkommen wertfrei zu beobachten. Alle Gedanken und Bilder dürfen da sein, die angenehmen und die unangenehmen, die besonderen und die gewöhnlichen. Machen Sie keinen Unterschied, vollkommen wertneutral. Lassen Sie die Gedanken sich frei in Ihrem Geistesraum bewegen, kommen und gehen, beobachten Sie sie nur, ohne einzugreifen oder an ihnen kleben zu bleiben.

Manchmal werden durch Gedanken auch Gefühle in uns wachgerufen. Wenn das gerade bei Ihnen passiert, nutzen Sie diese Gelegenheit, mit Ihren Gefühlen auf achtsame und bewusste Art umzugehen. Richten Sie dazu Ihre Aufmerksamkeit auf das auftauchende Gefühl und werden Sie sich bewusst, was es ist. Ist es Trauer, Ärger, Wut oder Angst? Erlauben Sie sich, ganz gleich, welche Gefühle gerade auftauchen, dass Sie sie fühlen dürfen. Es darf so sein, wie es ist. Sie dürfen sich wütend und durcheinander fühlen, Sie dürfen sich traurig, verletzt, verwirrt oder einsam fühlen. Das gehört zu unserem Menschsein dazu. Es ist nichts daran verkehrt oder schlecht.

Wenden Sie sich dem Gefühl mit einer interessierten, freundlichen und wohlwollenden inneren Haltung zu. Gefühle sind meist recht gut körperlich spürbar. Welches Gefühl ist jetzt gerade im Vordergrund? Wo können Sie es im Körper wahrnehmen, vielleicht durch einen Kloß im Hals, ein Engegefühl im Brustraum, Druck im Kopf, Schwere auf den Schultern oder Tränen in den Augen?

Lösen Sie sich immer wieder aus den auftauchenden Bildern, Grübeleien und Selbstgesprächen und wenden Sie sich entschieden mit voller Aufmerksamkeit dem reinen Fühlen zu. Erforschen Sie, wie sich das Gefühl bei Ihnen ausdrückt. Halten Sie es sanft in Ihrer Aufmerksamkeit. Erlauben Sie sich, es zu fühlen. Verändert sich das Gefühl? Wird es vielleicht durch ein anderes abgelöst? Verwandelt es sich oder löst es sich auf? Was auch immer in Ihnen geschieht, bleiben Sie bei sich, in einer annehmenden, wohlwollenden, offenen und liebevoll interessierten inneren Haltung, sanft verbunden mit Ihrem Atem. Vielleicht tauchen die Gefühle in Wellen auf, schwellen an, ebben ab. Was passiert mit den Gefühlen, wenn Sie sie nicht weiter mit Gedanken und Bildern nähren?
Auch wenn sich Gefühle sehr massiv darstellen und sie unseren Körper stark beeinflussen können, und Sie verlockt sind, sie so für wirklich und substanziell zu halten, sind sie doch nichts anderes als flüchtige Durchgangsphänomene, die Ihren Körper und Geist durchziehen wie dunkle Wolken den klaren Himmel. Je weniger Sie sie mit Gedanken und Bildern nähren, umso leichter ziehen sie vorbei und lösen sich auf. Das können Sie durch diese Übung beobachten. Sie brauchen nur ein bisschen abwarten und, statt sich von ihnen erschrecken oder faszinieren zu lassen, sich ihnen mit liebevoller, spürender Aufmerksamkeit widmen.

Gönnen Sie sich nun eine meditative Pause und erlauben Sie sich, alle Objekte Ihrer Aufmerksamkeit, denen Sie sich gerade gewidmet haben, loszulassen – die Atmung, die Körperempfindungen, das Hören, die Gedanken, Bilder und Gefühle, und erlauben Sie sich einfach nur, hier zu sitzen und ganz da zu sein, ohne auf etwas Bestimmtes zu achten, vollkommen offen, mit wacher Präsenz … ohne einen Bezugspunkt. Alles darf aufsteigen, da sein, wieder vergehen. Entspannen Sie sich in den offenen Raum dieser wachen Präsenz hinein.

Bringen Sie nun Ihre Aufmerksamkeit zurück zu Ihrem Atem. Fühlen Sie ihn. Nehmen Sie wahr, wie er ein- und ausfließt, kommt und geht, und seien Sie sich ganz des Atems bewusst.

Beenden Sie nun diese Meditation. Recken und strecken Sie sich. Nehmen Sie einen tiefen Atemzug, und wenn Sie gleich aufstehen, bewahren Sie sich diese achtsame Präsenz der Meditation für die weiteren Aktivitäten Ihres Tages.

Übungen für die 5. Woche

- Üben Sie an 6 Tagen der Woche abwechselnd die Meditation zum Umgang mit Störungen (von CD 2) und am anderen Tag Yoga oder Body-Scan, was auch immer Ihnen lieber ist. Fügen Sie bei einem Yoga- oder Body-Scan-Tag noch zusätzlich 15–20 Minuten Sitzmeditation mit der Achtsamkeit auf den Atem dazu, so dass Sie jeden Tag meditieren.
- Achten Sie in Ihrem täglichen Leben auf Ihre Reaktionsimpulse. Experimentieren Sie bewusst mit alternativen Handlungsmöglichkeiten.
- Üben Sie den »Atemraum« weiter dreimal täglich zu vorher festgelegten Zeiten.
- Benutzen Sie den »Atemraum« zusätzlich im Alltag, um sich zu zentrieren, wenn Sie merken, dass Sie aus der Balance geraten, und um die Dinge ruhiger laufen zu lassen.
- Achten Sie in dieser Woche vermehrt auf schwierige Beziehungs- oder Kommunikationssituationen. Schreiben Sie Ihre Erlebnisse stichpunktartig auf und analysieren Sie das Erlebte mit Hilfe der folgenden Tabelle:[16]

Erlebnisse schwieriger Kommunikationssituationen

	Montag	Dienstag	Mittwoch	Donnerstag	Freitag	Samstag	Sonntag
Was war das Thema, wer war daran beteiligt? Beschreiben Sie Ihr Erlebnis stichwortartig.							
Wie kam es zum Konflikt/ der Schwierigkeit?							
Was hatten Sie für ein Anliegen? Konnten Sie es erfolgreich vertreten?							
Wie haben Sie sich *während* der Situation gefühlt, wie *danach* und wie fühlen Sie sich *jetzt,* während Sie schreiben?							
Konnten Sie das Problem lösen? Wenn ja, wie?							

WOCHE 6

Achtsame Kommunikation

Praxiseinheit: Meditation im Gehen

Bevor Sie sich jetzt mit der Reflexion der vergangenen Woche und dem neuen Thema für diese Woche befassen, möchte ich Sie zu einer kleinen Praxiseinheit einladen – der Gehmeditation. Die Übung ist recht einfach. Sie können die Übung barfuß, auf Socken oder mit Schuhen machen, in Ihrer Wohnung, im Park oder in Ihrem Garten, wie es Ihnen angenehm ist.

Stellen Sie sich so hin, dass vor Ihnen gut fünf bis zehn Meter Platz sind. Legen Sie die Hände aufeinander auf den Bauch oder verschränken Sie sie auf dem Rücken. Wenn Sie Känguruh-Taschen an Ihrem Sweatshirt haben, können Sie die Hände auch dort hineinlegen. Hauptsache, sie stören Sie nicht. Die Füße stehen parallel zueinander, und Ihr Gewicht ist auf beiden Fußsohlen gleichmäßig verteilt, der Körper würdevoll und doch entspannt aufgerichtet. Beugen Sie die Knie ein ganz klein wenig, gerade so viel, dass Sie nicht mit durchgestreckten Beinen dastehen. Mit der nächsten Einatmung heben Sie einen Fuß an und machen einen Schritt nach vorne, während Sie vollständig einatmen. Sobald Sie die Ferse aufsetzen, atmen Sie aus und rollen dabei den Fuß ab. Mit der nächsten Einatmung heben Sie den anderen Fuß an, machen einen Schritt nach vorne, und sobald Sie die Ferse aufsetzen, beginnen Sie mit der Ausatmung, während Sie abrollen. Es ist vollkommen unerheblich, ob Sie mit rechts oder mit links starten. Beginnen Sie mit dem Fuß, der sich für Sie

stimmig anfühlt. Koordinieren Sie jeden einzelnen Schritt mit Ihrem Atem. Die Schrittlänge ist meist etwas kürzer als beim normalen zügigen Gehen im Alltag. Machen Sie die Schritte nur so groß, dass Sie das Gleichgewicht halten können. Es sollte eine gleichmäßige Vorwärtsbewegung sein wie normales Gehen, nur verlangsamt, in Ihrem individuellen Atemrhythmus. Bitte gehen Sie nicht wie ein »Storch im Salat«!
Gehen Sie auf diese Weise fünf bis zehn Meter. Dann halten Sie kurz inne, wenden sich bewusst um und gehen die Strecke auf die gleiche Weise wieder zurück.

Üben Sie die Gehmeditation für 10–20 Minuten. Geben Sie sich im Zweifelsfall eher mehr Zeit als weniger, denn erfahrungsgemäß braucht der Organismus eine Weile, bis er sich an die Übung gewöhnt hat. Ihr Blick ist, wie auch in der Sitzmeditation, etwa zwei bis drei Meter vor Ihnen auf den Boden gerichtet, als Orientierungshilfe, damit Sie nirgendwo gegen laufen. Es geht jedoch nicht darum, sich während des Gehens mit dem Betrachten der Gegenstände in Ihrem Zimmer (oder wo auch immer Sie üben) zu beschäftigen. Ihre Aufmerksamkeit verweilt bei Ihrem Atem und dem Zusammenspiel von Atem, Beinen und Füßen. Sollten Sie bemerken, dass Sie gedanklich abschweifen (zum Beispiel durch Kommentare über die Übung), verfahren Sie genauso wie in der Sitzmeditation: Kommen Sie wieder zurück zum Atem. Jetzt haben Sie allerdings noch wesentlich mehr, auf das Sie Ihre Aufmerksamkeit richten können: Beispielsweise können Sie wahrnehmen, welche Empfindungen Sie an den Füßen beim Abrollen wahrnehmen und wie Ihr Körper arbeitet, um das Gleichgewicht zu halten. Lassen Sie Ihren Geist über den Atem in den Körper und seine Bewegungen einziehen. Kein Schritt gleicht dem anderen. Horchen Sie in sich hinein, wollen Sie irgendwohin, streben Sie danach, schneller zu gehen, werden Sie ungeduldig? Was löst es in Ihnen aus, wenn Sie kein wirkliches Ziel haben, sondern einfach gehen um des Gehens willen? Schritt für Schritt, Moment für Moment. Erleben Sie jeden Moment dieser Bewegung, nicht nur den Anfang und das Ende, sondern auch die vielen kleinen Stationen dazwischen. Üben Sie, Schritt für Schritt ganz da zu sein, mit jedem Schritt im Jetzt anzukommen, wirklich anzukommen. Das ist Meditation im Gehen, mit jedem Schritt ankommen, voll und ganz präsent in jedem Moment, mit jedem Atemzug, mit jedem Schritt.

Wofür ist die Gehmeditation gedacht?

Die Gehmeditation eignet sich hervorragend als Ergänzung zu Ihrer bestehenden Meditationspraxis. Es mag Tage geben, an denen Sie so unruhig sind, dass es Ihre bislang entwickelten Fähigkeiten vollkommen übersteigen würde, damit zu sitzen. Versuchen Sie es dann mit der Gehmeditation. Sollten Sie bisher große Schwierigkeiten mit der Sitzmeditation gehabt haben, kann die Gehmeditation für Sie vielleicht eine gute Alternative darstellen. Sie können auch damit experimentieren, Geh- und Sitzmeditation im Wechsel zu üben. In Ihrem normalen Alltag lassen sich durch die Gehmeditation gut kleine Praxis-Inseln schaffen, indem Sie Wartezeiten beispielsweise am Kopierer oder an der Bushaltestelle nutzen. Ob Sie innerlich angespannt auf und ab tigern oder ob Sie Gehmeditation üben, den Unterschied kann von außen keiner erkennen. Also eine sehr praktische, unauffällige Alltagsübung.

Reflexion der Erfahrungen der vergangenen Woche

Ihre fünfte Übungswoche ist nun vorbei. Was hat sich in Ihrem Leben und Erleben verändert? Welche Erfahrungen haben Sie in der vergangenen Woche während der Yogaübungen, dem Body-Scan und der Meditation gemacht, und wie hat dies Ihren Alltag beeinflusst? Haben Sie schwierige Kommunikationssituationen erlebt? Waren es immer ähnliche Situationen oder vollkommen unterschiedliche? Was macht für Sie zufriedenstellende Kommunikation so schwierig?

Von Gemeintem und Gesagtem – Kommunikation als Stressor

Der Stress, den wir in einer Kommunikationssituation empfinden können, kann unter Umständen beträchtlich sein. Aus diesem Grund wird das Thema in dieser Woche achtsame Kommunikation sein. Wir werden beleuchten, wie wir die Achtsamkeit konkret zur Reduktion von Kommunikationsstress einsetzen können.

Kommunikation beschränkt sich dabei nicht nur auf den verbalen Bereich, sondern bezieht unser gesamtes Auftreten mit ein. Bevor unser Gegenüber auch nur ein Wort gesagt hat, wissen wir allein durch die Kleidung, die Körperhaltung und Mimik schon einiges über die Person, auch wenn wir sie nicht wirklich gut kennen. Kommunikation ist ein ganzheitlicher Prozess und findet permanent statt, sobald es einen Sender und einen Empfänger gibt. Man kann nicht *nicht* kommunizieren. Das bedeutet, dass ein Empfänger stets einen subjektiven Eindruck von uns erhält, allein durch unser Sein, dadurch, wie wir uns geben, wie wir gehen, stehen, schauen, durch unseren Kleidungsstil, unsere Gestik und Mimik. Auch gänzlich ohne Worte.

Missverständnisse entstehen oft dann, wenn wir nicht ausreichend Informationen über uns preisgeben, wenn wir die andere Person über uns im Unklaren lassen und sie ihrer freien Interpretation der Dinge überlassen.

Achtsame Kommunikation

Achtsame Kommunikation ist eine respektvolle, der Situation und dem Gegenüber angemessene Art der Kommunikation. Es geht dabei darum, in einer für beide Parteien förderlichen Art und Weise zu kommunizieren, wobei die Inhalte auf den Empfänger abgestimmt vermittelt werden und man weder die andere Person noch sich selbst verletzt oder erniedrigt. Ein wichtiger Faktor dabei ist, sich auf den Empfänger einzustellen. Das heißt, Sie achten darauf, dass Sie sich auf dessen Welt und Frequenz einstimmen. Nur dann haben Sie die größtmögliche

Chance, verstanden zu werden. Genauso hilfreich ist es zu erkennen, wann der richtige Zeitpunkt für ein Gespräch da ist. Wenn Ihr Gegenüber gerade nicht offen ist, vielleicht zu beschäftigt oder emotional aufgewühlt, er abblockt oder ausweicht, liegt eine Empfängerstörung vor. Sie können schauen, ob sich diese Störung aktuell beheben lässt, doch sollte dies nicht möglich sein, ist es energieschonender und auch sinnvoller, das Gespräch zu einem anderen Zeitpunkt wieder aufzunehmen.

Achtsame Kommunikation ist ressourcen- und lösungsorientiert, und sie ist auf das, was es im Jetzt zu tun gibt, ausgerichtet. Die Schlüsselfrage ist: Was kann jetzt zur Lösung des Konflikts beigetragen werden? Was wird gebraucht, damit ich verstanden werde? Das bedeutet also, die Situation genau anzuschauen und den angemessenen Zeitpunkt, die angemessenen Worte, die angemessene Gestik und Mimik zu finden.

Voraussetzungen

Eine wichtige Voraussetzung achtsamer Kommunikation ist die Bereitschaft zu einem echten Austausch, das heißt, Sie sind nicht nur auf sich selbst konzentriert, sondern willens, sich auf die Welt und Sichtweise der anderen Person einzustimmen. Das setzt voraus, dass Sie in Kontakt mit sich selbst sind, Ihre Bedürfnisse, Empfindungen und Regungen kennen und sie angemessen auszudrücken vermögen, so dass Sie Ihrem Gegenüber eine Chance geben, sich auch auf Ihre Welt einzustimmen und wahrzunehmen, was bei Ihnen gerade passiert. Ebenso gilt es, sich aktiv durch Nachfragen und empathisches Einfühlen um das Verstehen Ihres Gegenübers zu bemühen. Durch die Achtsamkeitspraxis wird es Ihnen zunehmend leichter fallen, zu erkennen, um was es bei Ihnen gerade wirklich geht, so dass Sie Ihre Gefühle und Impulse wahrnehmen und damit angemessen umgehen können. Statt Ihrem Gegenüber blind vor Wut wüste Beschimpfungen an den Kopf zu knallen (in der Hoffnung, dass es Ihnen dann bessergeht), geben Sie Ihrem Gegenüber ein

Feedback über Ihre Gefühle, Gedanken und Unklarheiten. Sie schaffen damit eine Gesprächsgrundlage, die Ihrem Gegenüber die Möglichkeit gibt, auf Sie wirklich einzugehen.

Feedback statt Beschuldigung

Feedback können Sie durch konkrete Ich-Aussagen geben, zum Beispiel durch den Satz: »Ich fühle mich alleine«, anstatt beschuldigende Feststellungen zu treffen wie: »Du liebst mich nicht!« Gerade wenn wir sehr aufgebracht sind, lassen wir uns schnell zu Schuldzuweisungen hinreißen, anstatt zu sagen, was wir uns wünschen, wie wir uns fühlen und wie wir die Dinge wahrnehmen. Schuldzuweisungen sind ein Angriff, auf den reflexartig und unserem biologischen Stressmuster gemäß mit Abwehr oder einem Gegenangriff reagiert wird. Das Äußern von Wünschen und Wahrnehmungen gibt der anderen Person hingegen Informationen, auf die sie eingehen kann. Anstatt uns also auf die Defizite unseres Gegenübers und das, was schlecht läuft, zu konzentrieren, richten wir in der achtsamen Kommunikation unser Augenmerk auf das, was bei uns passiert, was wir beobachten und was wir uns wünschen.

Die Übung der Achtsamkeit ist der Schlüssel zum Verständnis anderer, um mit ihnen in unmittelbaren Kontakt zu treten und um selbst verstanden zu werden.

Den Raum erweitern – in Kontakt kommen durch Mitgefühl

Solange wir nur auf unserem Standpunkt beharren und uns nicht darum bemühen, den anderen und seine Welt zu verstehen, wird fruchtbare Kommunikation nicht zufriedenstellend möglich sein. Im Laufe der Achtsamkeitsschulung werden wir immer feinfühliger. Wir erkennen bei uns Empfindlichkeiten, Verletzungen und die Zusammenhänge zwischen unserem Denken, Fühlen und Handeln. Wir kommen in Kontakt mit unserer Verletzlichkeit, mit unserem weichen, zarten Kern, mit unserem Leid. Dieser weiche Kern, diese zarte Stelle, die wir durch einen dicken Kokon aus Aktivität, Aggression oder Ehrgeiz zu schützen versuchen, ist unsere direkte Verbindung zu unserem Gegenüber. Über diese Brücke kann Kommunikation von Herz zu Herz stattfinden. Genauso wie es uns schmerzt, nicht gesehen, nicht verstanden, nicht geliebt zu werden, leidet auch unser Gegenüber daran, abgelehnt, nicht verstanden und übersehen zu werden. Es kann eine Streitsituation grundlegend verändern, wenn Sie auf die mitfühlende Ebene wechseln, in dem Wissen, dass auf der vermeintlichen Aggressor-Seite auch Schmerz und Verwirrung sind und die harten verletzenden Worte sowie die Lautstärke nur Ausdruck dieses Schmerzes sind. Ja, auch diese vielleicht für Sie zunächst vollkommen ungewohnte Herangehensweise steht in Widerspruch zu unserem üblichen biologischen Verteidigungs-Stressmuster. Unser Steinzeit-Stressmuster ist aber lediglich zur Abwendung physischer Gewalt, die offensichtlich unseren Leib und unser Leben bedroht, wirklich sinnvoll. Bei rein psychischen Bedrohungen, die eher eine Verletzung unserer Bedürfnisse nach Anerkennung, Respekt, Zugehörigkeit, Ansehen und Liebe darstellen, bewirkt dieser Mechanismus das genaue Gegenteil: Leid und Stress nehmen zu. Sich in einer Meinungsverschiedenheit von dem Schmerz des Partners berühren zu lassen (und aus eigener Erfahrung wissen wir ja, wie leidvoll das Gefühl ist, nicht verstanden oder geliebt zu werden), bringt in festgefahrenen Situationen fast immer eine Wende. Es ist eine Tür, die sich hin zu neuen Einsichten und der Bereitschaft öffnet, gemeinsam zu schauen, wie eine Lösung aussehen kann und Schmerz und Leid aufhören werden.

Gewaltfreie Kommunikation

Der Ansatz der Gewaltfreien Kommunikation nach Marshall B. Rosenberg stellt uns dafür gute Werkzeuge zur Verfügung. Es geht dabei um einen permanenten Wechsel zwischen Aufrichtigkeit und mitfühlendem Verständnis. Wir sagen dem anderen, wie es uns geht, wie wir uns fühlen und was wir uns wünschen. Darüber hinaus versuchen wir mitfühlend zu verstehen, was den anderen bewegt und was er sich wünscht. Diese Herangehensweise führt dazu, dass wir mit der anderen Person und dem, was sie tatsächlich bewegt, in Kontakt kommen. Wir bemühen uns darum, wirklich zu verstehen, was sie fühlt, welche Bedürfnisse sie hat, was sie braucht und bisher vermisst, doch wir vergessen uns dabei nicht. Das bedeutet nicht, dass wir das, was die andere Person tut oder denkt, gutheißen müssen oder uns damit einverstanden erklären. Wir erkennen es lediglich an. Ein Konflikt ist meistens nichts anderes, als dass zwei oder mehr Parteien etwas bei der Befriedigung ihrer jeweiligen Bedürfnisse vermissen, darunter leiden und Schwierigkeiten haben, dies der anderen Seite so zu vermitteln, dass es anerkannt und gesehen wird.

Die Kommunikationsstruktur

Gewaltfreie Kommunikation läuft in vier Schritten ab. Mit wachsender Übung wird es Ihnen leichter fallen, dieser Struktur, ohne groß darüber nachzudenken, zu folgen:

1. Zuallererst teilen Sie der anderen Person mit, was Sie gerade beobachten. Diese Beobachtung ist frei von Vorwurf, Wertung und Interpretation. Beispiel: »Ich sehe, dass abends, wenn ich nach Hause komme, dein gebrauchtes Geschirr auf der Anrichte steht.« (Statt: »Du bist echt schlampig! Jeden Tag muss ich deine Teller wegräumen. Du glaubst wohl, ich bin deine Putzfrau!«)
2. Dann teilen Sie aus der Ich-Position mit, was Sie gerade dabei fühlen. Beispiel: »Ich ärgere mich darüber.« (Statt: »Du machst mich wütend!«)
3. Danach sagen Sie, was Sie brauchen (und nicht, was Sie nicht brauchen). Beispiel: »Wenn ich von der Arbeit nach Hause komme, brauche ich für mein Wohlgefühl eine aufgeräumte Wohnung. Das hilft mir, zur Ruhe zu kommen und mich zu entspannen.«
4. Daraufhin sagen Sie sehr konkret, wie Sie sich die Umsetzung vorstellen und der andere dieses Bedürfnis erfüllen

kann. Beispiel: »Bitte stell das Geschirr nach Gebrauch direkt in die Spülmaschine, das hilft mir sehr. Bist du damit einverstanden?«

Sie vertiefen diesen Prozess noch, indem Sie beispielsweise nachfragen, was zu diesen Situationen führt, und den Umständen Respekt zollen. So könnten Sie sich beispielsweise in Punkt 1 auch erkundigen, was der andere über das Problem denkt, wie seine Sicht auf die Situation ist. Bleiben wir bei dem Beispiel mit dem Geschirr. Gehen wir mal davon aus, die Person, die das Geschirr stehen lässt, hat uns mitgeteilt, dass sie überlastet ist. Dann könnte die Antwort in Punkt 2 lauten: »Ich kann dich verstehen, dennoch ist es für mich schwierig, gelassen damit umzugehen. Ich merke, dass ich mit jedem Mal, da ich das beobachte, wütender werde. Denn auch ich bin erschöpft von meinen Aufgaben.« Dann folgen Punkt 3 und 4. Unter 4 können Sie nach der Äußerung Ihres Wunsches auch anfragen, ob Ihr Gegenüber einen Gegenvorschlag hat, wenn er oder sie Ihrem Wunsch in der Form nicht meint, nachkommen zu können.

Empfehlungen für ein achtsames Miteinander

Um Achtsamkeit in der Kommunikation mit anderen zu praktizieren, ist es hilfreich, sich erst einmal den eigenen Kommunikationsstil wertneutral und bewusst anzuschauen. Feedback von anderen kann hier sehr förderlich sein. Stimmen Mimik und Körperhaltung mit meinen Worten und meiner Stimmlage überein? Berücksichtige ich die kulturellen Gegebenheiten und Konventionen? Werde ich so verstanden, wie ich es mir wünsche? Benutze ich die Worte, die mein Gegenüber verstehen kann, oder verwende ich vielleicht unbekannte Fremdwörter oder umgangssprachliche Redewendungen, die sich nicht im Wortschatz meines Gegenübers befinden? Um sicherzugehen, dass Sie in einem Gespräch verstanden werden, kann es hilfreich sein, bewusst noch einmal nachzufragen, wie die andere

Person Sie verstanden hat, und sich von Ihrem Gegenüber eine kleine Zusammenfassung zu erbitten. So werden Missverständnisse sofort aufgedeckt und können durch zusätzliche Erklärungen meist schnell beseitigt werden. Wenn Sie etwas nicht verstehen, sollten Sie es sich zur Gewohnheit machen, sofort nachzufragen, um die Dinge direkt zu klären. Fühlen Sie sich in die andere Person ein und nutzen Sie die Empfehlungen der Gewaltfreien Kommunikation, um in gleichermaßen achtsamer und mitfühlender Weise Kommunikation fruchtbringend für beide Seiten zu gestalten. Dies ist Meditation in Aktion – angewandte Achtsamkeit in Reinform. Und es reduziert Stress – auf beiden Seiten. Ich möchte Sie ermutigen, in Ihrem Alltag damit zu experimentieren. Viel Freude damit! Es lohnt sich!

Übungen für die 6. Woche

- Üben Sie weiterhin an 6 Tagen der Woche abwechselnd die Meditation zum Umgang mit Störungen (von CD 2) und am jeweils anderen Tag Yoga oder Body-Scan, was auch immer Ihnen an dem Tag lieber ist. Fügen Sie bei einem Yoga- oder Body-Scan-Tag noch zusätzlich 15–20 Minuten Sitzmeditation mit der Achtsamkeit auf den Atem dazu (oder alternativ die Gehmeditation), so dass Sie an jedem dieser Tage meditieren.
- Üben Sie zusätzlich die Gehmeditation in Alltagssituationen, beispielsweise in Ihrer Mittagspause, an der Haltestelle, am Kopierer, wann immer Ihnen danach ist.
- Nutzen Sie weiterhin den »Atemraum«, um sich zwischendurch am Tag zu zentrieren.
- Nehmen Sie problematische Kommunikationssituationen bewusst wahr und achten Sie darauf, wie Sie reagieren. Experimentieren Sie mit den Empfehlungen zur achtsamen bzw. Gewaltfreien Kommunikation.

- Achten Sie in dieser Woche vermehrt darauf, was Sie über Ihre Sinne (Sehen, Hören, Riechen, Schmecken, Tasten) tagtäglich alles aufnehmen (z. B. durch Essen, Medien, Gespräche), und notieren Sie jeden Tag Stichpunkte dazu in Ihrem Notizbuch.

Ein Tag der Stille

Im Rahmen des MBSR-Kurses ist in der sechsten Woche ein Tag der Stille vorgesehen. Dieser Tag gibt Ihnen die Gelegenheit, einen ganzen Tag lang intensiv zu praktizieren und damit tiefere Erfahrungen zu machen, als sie Ihnen in Ihrem normalen geschäftigen Alltag möglich sind. Für diesen einen Tag ziehen Sie sich von den üblichen alltäglichen Belangen und Aufgaben zurück, um dann frisch gestärkt mit einer stabilisierten Praxis in den Alltag zurückzukehren. Diese Art der intensiven Praxis finden Sie in nahezu allen meditativen Traditionen.

Vorbereitung

Es kann hilfreich sein, diesen Tag an einem geschützten, störungsfreien Ort zu verbringen. Sollten Sie alleine leben, bietet Ihnen das eigene Zuhause sicher dazu die besten Möglichkeiten. Wenn Sie Familie haben, mag es eine gute Option sein, sich für diesen Tag in einem Hotel, einem Kloster oder Retreat-Zentrum einzumieten oder die Wohnung einer Freundin zu nutzen, die gerade im Urlaub ist. Stellen Sie Ihr Telefon/Handy an diesem Tag aus. Dieser Tag gehört nur Ihnen. Nutzen Sie die CDs zur Unterstützung Ihrer Praxis. Es gibt von Jon Kabat-Zinn zwei weitere Meditationen – die Berg- und die See-Meditation –, welche auf CD (auch in deutscher Sprache) erhältlich sind (siehe Literaturverzeichnis) und sich hervorragend zur Ergänzung für diesen Tag eignen.

Alle Bewegungen und Tätigkeiten, die Sie am heutigen Tage durchführen, sind Teil der Praxis. Ob Sie auf die Toilette gehen, sich Tee/Kaffee zubereiten, ein Mittagessen kochen oder den Tisch abräumen – verrichten Sie alles in Achtsamkeit. Ich empfehle Ihnen sehr, an diesem Tag zu schweigen. Sollten Sie sprechen müssen, so beschränken Sie sich nur auf das Nötigste. Wahren Sie ebenfalls einen schweigenden Geist. Lassen Sie Ihre inneren »Gedankenstimmen« zur Ruhe kommen.

Ablauf

- Beginnen Sie den Tag mit der Sitzmeditation mit der Achtsamkeit auf den Atem (30 Minuten ohne CD).
- Gehen Sie nun über zur Yogapraxis (mit CD), und führen Sie anschließend selbständig ohne CD einen kurzen Body-Scan durch.
- Nun folgt eine Gehmeditation (20 Minuten). Wenn es für Sie möglich ist, gehen Sie dazu an die frische Luft, beispielsweise in Ihren Garten. Wenn Sie mögen, laufen Sie barfuß.
- Kehren Sie danach wieder zurück auf Ihr Meditationskissen und meditieren Sie mit allem, was in Ihnen auftaucht (»Störungen«), für mindestens 30 Minuten (ohne CD).
- Üben Sie sich anschließend wieder für 20 Minuten in der Gehmeditation, entweder in Ihrem Zimmer oder draußen im Garten oder auf der Straße.
- Haben Sie eine CD mit der See- oder Berg-Meditation, können Sie jetzt eine der beiden üben. Wenn nicht, üben Sie sich für 20 Minuten in der Atemmeditation.
- Treffen Sie nun die Vorbereitungen für Ihr Mittagessen: Bereiten Sie sich ein einfaches, doch gesundes Mahl zu. Bleiben Sie bei allen Verrichtungen mit der Achtsamkeit verbunden. Dies ist die Übung der Meditation in Aktion. Sollten Sie in einem Hotel oder Kloster oder Retreat-Zentrum sein und das Essen für Sie zubereitet werden, entfällt diese Übung.
- Üben Sie sich nun in achtsamem Essen. Nehmen Sie Ihr Mahl bewusst ein. Achten Sie auf das Aussehen und die Far-

be der Speisen, den Geruch, den Geschmack und Ihre Empfindungen beim Kauen und Schlucken. Essen Sie schnell oder langsam? Welche Gedanken ziehen durch Ihren Geist, welche Bewertungen, Stimmungen? Was bewirken diese Speisen in Ihnen? Vielleicht bemerken Sie Gier, die Lust auf mehr, fühlen Sättigung, Müdigkeit, Wohlgefühl oder Verdauungsprobleme. Was auch immer auftaucht, erlauben Sie sich, dass es so sein darf, wie es ist. Beobachten Sie es lediglich.

- Räumen Sie nach der Beendigung der Mahlzeit Ihr Geschirr in Achtsamkeit weg. Spülen Sie bewusst.
- Gehen Sie nun wieder raus in die Natur und üben Sie sich in Gehmeditation (20–30 Minuten).
- Danach suchen Sie sich etwas, das Sie betrachten möchten, ein Blatt, einen Baum, einen Stein oder Ähnliches. Betrachten Sie Ihr Objekt, ohne es in die Hand zu nehmen, mit etwas Abstand. Dann bewegen Sie sich langsam immer näher auf das Objekt zu, bis Ihre Nase es fast berührt, dann entfernen Sie sich langsam wieder. Achten Sie darauf, was Sie jeweils wahrnehmen und was aus der Wahrnehmung verschwindet. Nutzen Sie bei dieser Übung alle Ihre Sinne, betrachten Sie aufmerksam die Strukturen, die Oberfläche, nehmen Sie den Geruch des Objekts wahr. Dann berühren Sie es, nehmen Sie es in die Hand oder streichen Sie darüber. Spüren Sie, wie es sich anfühlt. Welches Geräusch macht es? Beenden Sie die Übung nach Ihrem eigenen Ermessen.
- Üben Sie sich nun in stehender Meditation. Stellen Sie sich an einen Ort, an dem Sie für einige Augenblicke verweilen möchten. Stehen Sie so, dass Ihr gesamtes Gewicht sich gleichmäßig auf beide Fußsohlen verteilt. Die Knie sind kaum merklich gebeugt, der Rücken gerade, die Arme hängen locker am Körper herab, die Hände sind gelöst und der Blick ist offen. Stehen Sie bewusst und spüren Sie den Boden unter Ihren Füßen, seien Sie sich Ihres Körpers in seiner Ganzheit bewusst, wie er jetzt hier auf der Erde steht und von ihr getragen wird. Wie er sich von der Erde aus in seiner

ganzen Größe in den Raum hinein aufrichtet und umgeben ist von Raum. Widmen Sie sich einem Sinneseindruck nach dem anderen: Fühlen Sie die Luft, die Sie umspielt, wie der Wind Ihre Haut streichelt. Hören Sie die Geräusche, die Sie umgeben, nehmen Sie Farben und Formen wahr, seien Sie sich vollkommen bewusst, wo Sie sich gerade befinden. Stehen Sie in dieser vollen Präsenz mit allen geöffneten Sinneskanälen, solange Sie möchten und es angenehm für Sie ist. Bringen Sie dann Ihre Aufmerksamkeit zurück zum Atem. Fühlen Sie, wie die Luft in Ihre Lungen strömt und Sie anschließend wieder verlässt. Beenden Sie die Stehmeditation nach Ihrem eigenen Ermessen.

- Kehren Sie nun in Ihr Zimmer zurück. Gehen Sie mit bewusster Achtsamkeit für jeden Schritt.
- Setzen Sie sich wieder auf Ihren Meditationsplatz und beschließen Sie den Tag mit einer letzten Atemmeditation (je nach Wunsch 15–45 Minuten).
- Schreiben Sie, wenn Sie dies möchten, Ihre Eindrücke auf, ansonsten verbringen Sie den restlichen Tag in Ruhe, wie es Ihnen angemessen erscheint. Wenn Sie zu Ihrer Familie zurückkehren, sollten Sie sich Zeit für eine langsame Eingewöhnung nehmen. Bitten Sie ein Familienmitglied, Sie vor dem direkten Ansturm Ihrer Kinder und Pflichten zu schützen. Das kann gelingen, wenn Ihre Kinder schon zu Bett gebracht worden sind und Sie sich erst einmal nur mit sich und Ihrem Partner befassen können und erst am nächsten Morgen wieder in die Turbulenzen des Alltags einsteigen.

WOCHE 7

Für sich selbst sorgen

Reflexion der Erfahrungen der vergangenen Woche

Ihre sechste Übungswoche ist nun vorbei. Wie war Ihre Woche, und wie hat der Tag der Stille nachgewirkt? Wie hat sich dieser Tag auf Ihre Praxis und auf Ihren Alltag ausgewirkt? Welche Erfahrungen konnten Sie in Kommunikationssituationen sammeln? Waren Sie sich der Situationen in dem jeweiligen Moment bewusst? Was hat sich durch die Anregungen zu einer achtsamen Kommunikation verändert? Was haben Sie sich in dieser Woche über Ihre Sinne alles zugeführt? Was konnten Sie beobachten? Welche Erkenntnisse konnten Sie daraus gewinnen? Was hat das bei Ihnen bewirkt? Hat Ihnen das alles gutgetan, oder gab es durchaus auch das eine oder andere, was genau das Gegenteil bewirkt hat?

Meditation der nichtunterscheidenden Achtsamkeit

Bevor wir mit dem Thema dieser Woche starten, möchte ich Sie zu einem kleinen Meditationsexperiment einladen:

Wählen Sie einen Platz in Ihrer Wohnung, an dem Sie sich unter normalen Umständen niemals zur Meditation hinsetzen würden. Setzen Sie sich genau dort hin und meditieren Sie an dieser Stelle für 10 Minuten (stellen Sie sich einen Timer). Dann suchen Sie sich erneut einen Platz, den Sie sich ebenfalls nicht freiwillig aussuchen würden, und setzen sich auch dort zur Meditation hin. Wieder für

10 Minuten. Danach wählen Sie sich einen Platz, der für Sie angenehm ist, und meditieren auch hier für 10 Minuten. Schauen Sie, ob es Ihnen möglich ist, an diesen Plätzen mit unterschiedsloser Achtsamkeit zu verweilen. Wenden Sie alles an, was Sie über den Umgang mit Störungen gelernt haben, und heißen Sie die eventuell auftauchenden Unannehmlichkeiten willkommen, um mit ihnen für den Alltag zu üben. Was passiert mit den Unannehmlichkeiten, mit einem vielleicht etwas unkomfortablen Sitz, wenn Sie diesen mit unterscheidungsfreier Offenheit begegnen. Wie wirkt sich das auf die Stabilität Ihrer Meditation aus? Viel Freude damit!

Innere Ruhe und Gelassenheit finden

Wie können wir es schaffen, in dieser Welt mit ihren permanent wechselnden Anforderungen, ihrer Schnelligkeit und Informationsdichte gesund, kraftvoll und gelassen zu bleiben? Dies wird das Thema dieser Woche sein.

Sie haben in der vergangenen Woche durch Ihre Selbstbeobachtung diesbezüglich bereits einige Erkenntnisse sammeln können. Vielleicht konnten Sie erkennen, dass es Dinge, Handlungsweisen, Gewohnheiten oder Situationen gab, die Ihnen guttaten und Kraft gaben. Andere wiederum bewirkten genau das Gegenteil. Manches wussten Sie sicher bereits schon, doch vielleicht haben Sie auch erstaunt feststellen müssen, dass es Situationen oder Aktivitäten gab, die Sie sich bewusst zur Entspannung ausgesucht hatten (Fernsehen beispielsweise oder Essen), die Ihnen im Nachhinein jedoch gar nicht so gutgetan haben, wie Sie es sich erhofft hatten. Vielleicht ist Ihnen von den vielen Süßigkeiten schlecht geworden, die Bilder des Films gingen Ihnen nicht mehr aus dem Kopf, oder Sie waren morgens vollkommen erschlagen, weil Sie nachts zu lange im Internet gesurft hatten. Es gibt alle möglichen Gründe, warum wir uns dieses oder jenes aussuchen. Wir chatten, weil wir uns einsam fühlen. Wir essen Schokolade, Chips und Co., um uns zu belohnen oder zu trösten. Wir schauen fern, weil wir nach einem harten Tag abschalten und entspannen wollen. Doch nährt Sie das wirklich? Tut Ihnen das wirklich gut und gibt es Ihnen die Kraft, die Sie brauchen, um mit den Herausforderungen, denen Sie sich zu stellen haben, umzugehen? Oder schwächt es Sie eher? Haben Sie ein schlechtes Gewissen, weil Sie der Schokolade nicht widerstehen konnten, den Rest des Kühlschranks auch noch aufgefuttert haben und träge auf der Couch beim Zappen durch das Fernsehprogramm hängengeblieben sind, statt Ihren Stresshormon-gesättigten Körper auf die Laufstrecke in den Wald zu bewegen oder zeitig ins Bett zu gehen?

Was ist das Holz für Ihr Leistungs- und Lebensfeuer?

Was gibt Ihnen Kraft, was hilft Ihnen, Ihre Lebens-Akkus wieder aufzuladen? Nutzen Sie die Gelegenheit, sich darüber konkret Gedanken zu machen und diese, wenn möglich, aufzuschreiben: Was gibt Ihnen ein Gefühl von Stärke? Was nährt Ihren Geist, was Ihr Gemüt? Was schenkt Ihnen ein Gefühl der Geborgenheit und des Wohlbefindens? Was hat Ihnen früher Freude bereitet? Welche Hobbys oder Interessen, die Sie früher einmal gepflegt haben und im Laufe Ihres geschäftigen Alltags aufgegeben haben, möchten Sie gerne wiederbeleben? Gibt es vielleicht auch Umstände, Einstellungen, Vorstellungen oder Annahmen, Personen oder Situationen, die Ihnen Kraft entziehen oder es Ihnen schwermachen, für sich zu sorgen? Im Gegenzug dazu: Woher bekommen Sie Hilfe? Was oder wer kann Sie unterstützen, vielleicht eine Freundin, ein Verein, eine Verpflichtung durch eine verbindliche Kursbuchung oder ein Coach?

Schwierigkeiten gehören zum Leben dazu, es wird sie immer geben. Lassen Sie sich davon nicht erschrecken. Machen Sie sich die jeweilige Schwierigkeit bewusst, und dann überlegen

Sie, wie Sie sie anpacken können. Was können Sie selbst tun? Damit Sie sich nicht überfordert fühlen: Definieren Sie den ersten kleinen Schritt. Wie soll er aussehen? Wer soll was, wann tun? Und was brauchen Sie dafür? Beispiel: Ich möchte joggen, habe aber Probleme mit meinen Füßen. Also muss ich einen ärztlichen Rat bezüglich meiner Füße einholen. Vielleicht brauche ich spezielle Sporteinlagen. 1. Schritt: Bei meinem Orthopäden anrufen und einen Termin ausmachen. Wer: ich. Wann: jetzt (es ist noch Sprechzeit). Ich entscheide mich, sofort anzurufen, und bekomme den Termin.

Ist der erste Schritt getan, folgen alle weiteren wesentlich leichter und fast automatisch. Manchmal fühlen wir uns erschlagen von den Riesenschwierigkeiten und den vielen Anforderungen, vor die wir uns gestellt sehen. Vor lauter Respekt bleiben wir dann auf der Couch und verharren im Nichtstun. Doch alles besteht nur aus kleinen Mosaiksteinchen, kleinen Schritten auf dem Weg. Kümmern wir uns immer nur um den Schritt, der jetzt ansteht, bleibt die Anforderung überschaubar und machbar. Das macht Mut. Und als alte Himalaya-Trekkerin kann ich Ihnen sagen: Große Berge erklimmt man am sichersten und leichtesten mit winzigen Schritten.

Machen Sie sich bewusst, was Sie bereits schon alles unternommen haben. Schreiben Sie sich jede Kleinigkeit, alles, was Ihnen einfällt, auf. So haben Sie sich dieses Buch gekauft und bereits in den vergangenen sechs Wochen Yoga, Meditation, Body-Scan und Achtsamkeit im Alltag geübt! Und das ist wirklich beachtenswert!

Wiederbelebung der Muße

Eine Möglichkeit der Selbstfürsorge und Nährung ist, sich bewusst Zeiten der Muße einzuplanen. Dies ist kein Luxus, wie viele Menschen heute meinen. Unsere Psyche braucht Muße, um gesund zu bleiben, denn in dieser Zeit verarbeitet unser Hirn Eindrücke des Tages. Auch während unserer nächtlichen Schlafphasen verarbeitet unser Gehirn diese Eindrücke. Doch da wir in unserem Medienzeitalter mehr Informationen ausgesetzt sind, als wir verarbeiten können, reicht die Nacht (insbesondere in Stresszeiten) zur Verarbeitung der Reize nicht mehr aus. Viele Eindrücke bleiben nur mangelhaft oder gar nicht verarbeitet und drängen sich uns immer wieder auf. Zeiten der Muße unterstützen den Prozess der Verarbeitung. Planen Sie sich diese Mußephasen ein, gerade wenn Sie das Gefühl haben, Ihr Kopf platze aus allen Nähten. In diesen Zeiten sollte das Gehirn nicht weiterem Input durch Zeitung, Bücher, Gespräche, Internet oder Hörbüchern ausgesetzt sein. Müßig sein ist eine Übung in reinem Sein, eine Art Leerlauf für unseren Geist. Hier eine kleine Anregung dazu:

Übung in Muße
Setzen Sie sich dazu ans Fenster oder auf eine Parkbank mit freiem Blick in den Himmel. Sie können sich auch, wenn Sie mögen, mit dem Rücken auf die Bank legen. Richten Sie Ihren Blick in den Himmel und geben Sie Ihren Gedanken Raum. Atmen Sie aus und entspannen Sie sich mit jedem Ausatmen bewusst in die Weite des Himmels hinein. Betrachten Sie absichtslos die Wolken, wie sie ziehen und sich verändern. Sie dürfen einfach absichtslos da sein, absichtslos schauen. Lassen Sie Ihre Gedanken kommen und wieder gehen wie die Wolken am Himmel, ohne einzugreifen oder etwas bewusst zu durchdenken.

Schauen Sie, welche Zeitdauer für Sie stimmig ist. Ihre Eindrücke werden sich in dieser Zeit sortieren, und es wird Ihnen danach leichter fallen, sich konzentriert neuen Aufgaben zu stellen. Auch Ihre Meditation wird davon profitieren, da sie freier von den drängenden Eindrücken des Tages sein wird.

Reflexion zu Ihrem Umgang mit Informationen und Medien

Ich möchte Sie einladen, sich bewusst damit auseinanderzusetzen, wie Sie für gewöhnlich mit Informationen und Medien umgehen. Tagtäglich sind wir einer Vielzahl von Informationen ausgesetzt. Gespräche, Radio, Fernsehen, Kino, Zeitschriften, Zeitungen, Bücher, E-Mails, SMS, Telefon und das große weite und unerschöpfliche World Wide Web.

Bei vielen Menschen läuft ständig gewohnheitsmäßig das Radio oder der Fernsehapparat, obwohl Sie gar nicht zuhören oder hinschauen. Sie lesen Zeitung oder surfen ziellos im Internet. Die einen machen es aus reiner Langeweile, die nächsten aus Frust, Einsamkeit oder dem Wunsch nach Gesellschaft, andere fühlen den gesellschaftlichen Druck, immer auf dem neuesten Stand zu sein. Wissen und Informationen waren noch nie so leicht zugänglich wie in der heutigen Zeit. Durch das Internet sind wir global vernetzt und dank der Mobilfunk-Technologie stets erreichbar. Doch wie wirkt sich das auf unser Wohlgefühl, unsere Ruhe, Stabilität und Kraft aus? Hilft es uns und der Welt wirklich, wenn wir mit den letzten Schreckensnachrichten in Bild, Farbe und Ton ins Bett gehen? Wie fühlen Sie sich damit? Sind diese Informationsangebote und die digitalen Möglichkeiten für Sie ein Segen oder eher ein Fluch?

Entscheidend ist auch hier unser achtsamer, bewusster Umgang damit, und so möchte ich Sie einladen, sich einen Moment Zeit zu nehmen und die folgenden Fragen[17] zur Reflexion zu nutzen:

- Wie viele und welche Zeitungen und Zeitschriften lesen Sie? Aus welchem Grund?
- Was machen Sie dann mit diesen Informationen?
- Haben diese Informationen Auswirkungen auf Ihr Handeln? Wenn ja, in welcher Form?
- Fühlen Sie sich (beruflich oder gesellschaftlich) unter Druck, immer bestens und umfassend informiert zu sein? Sind Sie sich dieses Drucks bewusst?
- Werden Sie nervös, wenn Sie mal keinen Handy-Empfang oder keinen Internet-Zugang haben? Was machen Sie dann?
- Fühlen Sie sich gar abhängig von Informationen?

- Wie oft/lange surfen Sie im Internet? Wie fühlen Sie sich dabei?
- In welchen Situationen oder Stimmungen gehen Sie vermehrt ins Internet?
- Was könnten Sie stattdessen tun?
- Wie oft und wie lange sehen Sie für gewöhnlich fern?
- Welches Bedürfnis steht bei Ihnen im Vordergrund, wenn Sie den Fernseher anschalten?
- Wählen Sie Ihr Fernsehprogramm bewusst aus, oder zappen Sie so lange, bis Sie irgendwo hängen bleiben?
- Wie fühlen Sie sich, wenn Sie den Fernseher ausschalten?
- Wenn Sie Nachrichten, Action-Filme, Krimis oder Thriller sehen, welche Wirkung haben Hass- und Gewaltbilder auf Sie (z.B. Faszination, Angst, Zorn, Hilflosigkeit …)? Wie reagiert Ihr Körper (z.B. angespannt oder entspannt)? Wie Ihre Psyche (z.B. mit Freude, Angst, Nervosität oder Depriemiertheit, Frustration oder Ärger)? Können Sie gut schlafen, oder verfolgen die Bilder Sie bis in Ihre Träume?

Anregungen im Umgang mit Informationen und Medien

Es liegt an Ihnen, wie Sie damit weiter verfahren wollen. Praktisch angewandte Achtsamkeit in Bezug auf die Medien bedeutet: Sie entscheiden, was Sie in Ihrem Leben davon weiter behalten möchten. Was macht für Sie Sinn? Was schenkt Ihnen Freude, was nährt Sie? Von welchen Dingen ist es nun Zeit, sich zu verabschieden?

So könnten Sie:

- das Radio auf der Fahrt zur Arbeit mal ausgeschaltet lassen und schauen, wie es Ihnen damit geht;
- Zeitungen, die Sie kaum oder noch nicht mal gerne lesen, abbestellen oder verschenken;
- Fernsehsendungen bewusst auswählen und dann gezielt anschauen und während der übrigen Zeit den Fernseher ausgeschaltet lassen und stattdessen spazieren gehen; das Buch lesen, das Sie die ganze Zeit schon lesen wollten; mit den

Kindern spielen, basteln oder ihnen Geschichten vorlesen; gemeinsam etwas Leckeres kochen und bewusst essen; Federball im Park spielen; einen lieben Freund anrufen oder Ihre Partnerschaft pflegen.

- Bauen Sie Ihr reales soziales Netz wieder auf, indem Sie Ihre Freunde einfach mal über das gute alte Telefon anrufen und in der realen Welt treffen oder besuchen, anstatt ihnen nur virtuelle E-Mails zu schreiben, über soziale Netzwerk-Dienste zu chatten oder Statusmeldungen abzugeben.
- Reduzieren Sie Ihren Technik-Stress: Schalten Sie das Handy oder Telefon öfter mal aus bzw. auf lautlos, und halten Sie das Schlafzimmer nachts stromfrei. Nutzen Sie das Internet nur noch gezielt und lassen Sie es ansonsten aus. Schalten Sie das WLAN-Modem während der nutzungsfreien Zeit aus oder stellen Sie wieder auf Kabel um.

Ernährung und Sport

Eine weitere Möglichkeit, unsere Kraft, Stressresistenz und Gesundheit zu stärken oder zu erhalten, ist ein bewusster Umgang mit unseren Ernährungs- und Bewegungsgewohnheiten. Es geht hier nicht um Diäten oder Leistungssport. Ihr innerer Schweinehund darf sich getrost entspannen. Vielmehr geht es darum, dass Sie sich dafür sensibilisieren, was Ihnen wirklich guttut und was nur den Anschein des Guten erweckt. Stress, der Ihnen vielleicht noch gar nicht wirklich bewusst ist, zeigt sich häufig in einer Veränderung Ihrer Ernährungs- und Bewegungsgewohnheiten. Statt Frühstück gibt's nur noch schnell einen Kaffee, mittags fällt die Mahlzeit aus Zeitgründen aus oder das Brötchen wird mal eben vor dem Computer gegessen, während die E-Mails beantwortet werden. Zwischendurch gibt's noch ein süßes Teilchen und abends wird dann vor dem Fernseher richtig reingehauen. Tiefkühlpizza, Chips, Schokolade und Co. – Hauptsache, schnell, Hauptsache, lecker, fettig, süß oder salzig. Stress fordert Energie und verändert unseren Stoffwechsel. Die ausgeschütteten Stresshormone fördern nicht nur unsere Lust auf Energiereiches wie Zucker und Fett, sondern sie fördern bei Langzeitstress auch noch das Einlagern von Fettreserven (für schlechte Zeiten). Wird parallel dazu noch aus Zeit- und Energiemangel das Sportpensum heruntergefahren, gehen wir nicht nur auseinander wie ein Hefekloß, sondern schädigen auf Dauer unter anderem unser Herz-Kreislauf-System und büßen Kraft und Stressresistenz ein, anstatt sie zu erhöhen. Was uns Entspannung verspricht, wird so zur Falle für unser Wohlbefinden und unsere Gesundheit.

Mit Achtsamkeit zu einem gesunden Lebensstil

Was konnten Sie bei sich feststellen? Wie sieht Ihr Ess- und Bewegungsverhalten in Stresszeiten aus? Bei der Achtsamkeitspraxis beginnt die Veränderung damit, bewusst zu erleben, was gerade geschieht. Vielleicht war Ihnen bisher noch nicht bewusst, dass Sie anders essen, wenn Sie gestresst sind, vielleicht auch nicht, dass Sie dann aufhören, sich zu bewegen. Es geht hier nicht um richtig oder falsch, sondern um ein individuell für Sie passendes, gesundes, heilsames Maß. Woran können Sie erkennen, was für Sie passt? Durch die Achtsamkeitsschulung der letzten Wochen hat sich Ihr inneres Gespür bereits verändert. Sie werden nun schneller bemerken, wann Ihnen etwas guttut und wann nicht. Achten Sie auf die Signale Ihres Körpers. Fühlen Sie sich beispielsweise kraftvoll, energiegeladen, ausgeglichen, zufrieden, warm, gelöst oder eher unzufrieden, träge, frustriert, eingeengt, verklebt, schwer, dumpf, traurig, angespannt, unruhig? Dies sind nur Beispiele der vielen Möglichkeiten, wie wir uns fühlen können. Unser Wohlgefühl ist immer abhängig von unserem Maß. Ein köstliches Essen kann uns das wohlige Gefühl von Sättigung und Zufriedenheit schenken, doch wenn wir uns daran überessen, schlägt das Wohlgefühl schnell ins Gegenteil um: Wir fühlen uns plötzlich übervoll, uns ist vielleicht schlecht, der Bauch spannt und die Zufriedenheit weicht der Frustration und dem schlechten Gewissen, über die Stränge geschlagen zu haben. Damit sind wir wieder auf der Stress-Seite. Genauso kann uns eine Jogging-Runde erfrischen und stärken, die Stresshormone senken und wir fühlen uns danach vital, kraftvoll und klar. Laufen wir allerdings für unseren aktuellen körperlichen Zustand zu lange oder zu schnell, überfordern wir uns und fühlen uns schwer und erschöpft.

Achtsamkeit – der Weg der Mitte

Achtsamkeit kann uns helfen, Ausgewogenheit herzustellen, den Weg der Mitte zu finden. Bewegung senkt ganz natürlich den Stresshormonspiegel. Sollten Sie sich beispielsweise nach der Arbeit vollkommen erledigt fühlen, schlapp und schwer, so kann eine kleine Runde um den Block, ein flotter Spaziergang (heute Walking genannt) oder eine langsame Jogging-Runde Ihrem Körper helfen, Stresshormone abzubauen.

Das Stresshormon Cortisol führt bei Langzeitstress übrigens dazu, dass vermehrt Fett in unsere Depots eingelagert wird, damit wir die Bedrohungssituation lebend überstehen. Vergessen Sie nicht, unser Körper läuft noch auf Steinzeit-Modus, und da kann ein gut gefülltes Fettdepot bei einer Hungersnot oder Flucht wirklich lebensrettend sein. Ihr Körper braucht während Stresszeiten ausreichend Energie, um mit der Situation umgehen zu können. Jetzt eine Reduktionsdiät zu beginnen, würde ihn (und damit auch Sie) zusätzlich unter Stress setzen, da Ihr Körper den Eindruck gewinnen muss, dass jetzt auch noch eine Hungersnot dazukommt und noch mehr Fette in die Depots eingelagert werden müssen. Aus diesem Grund ist es auch nicht wirklich effektiv, wenn Sie während einer Stressphase eine Diät anfangen. Ihr Körper hält jedes bisschen Fett bei sich. Solange Sie unter Stress stehen, bleibt Ihr Bäuchlein. Sobald der Stress geht, verabschiedet es sich erfahrungsgemäß nach und nach (ausgewogene Ernährung und Bewegung vorausgesetzt).

Inspiration für gesundes Essen und Bewegen

- **Essen Sie regelmäßig**

Ihr Organismus braucht konstant Energie. Planen Sie am Tag drei vitalstoffreiche Mahlzeiten ein, bestehend aus viel Gemüse, hochwertigem Eiweiß sowie Vollkornprodukten und zusätzlich je nach Bedarf als Snack Obst, Gemüsestifte oder Joghurt. Geben Sie, wenn es Ihnen möglich ist, Bio-Produkten den Vorzug. Und: Essen Sie sich satt!

- **Naschen Sie bewusst**

Selbstverständlich darf es auch mal ein Teilchen oder ein Riegel Schokolade sein, solange der Rest der Ernährung ausgewogen ist. Genießen Sie es, machen Sie daraus ein kleines Fest (à la Rosinenübung).

- **Trinken Sie über den Tag verteilt 2–3 Liter Wasser**

Ihr Gehirn braucht Wasser, um arbeiten zu können, sonst lässt ganz schnell Ihre Konzentration nach, Müdigkeit, Stimmungsschwankungen und Unlust machen sich breit.

- **Pflegen Sie einen »bewegten« Alltag**

Bauen Sie Bewegungseinheiten in Ihren Alltag ein: Fahren Sie mit dem Rad zur Arbeit; machen Sie mittags einen Spaziergang; nutzen Sie die Treppen, anstatt den Aufzug zu nehmen; gehen Sie zu Ihrem Kollegen rüber, anstatt ihm eine E-Mail zu schreiben; steigen Sie ein bis zwei Straßenbahnhaltestellen früher aus und laufen Sie den Rest zu Fuß.

- **Machen Sie den Stresshormonen Beine,**

indem Sie zusätzlich zwei- bis dreimal pro Woche mindestens jeweils eine halbe Stunde Sport im lockeren Ausdauerbereich machen, der Ihnen gefällt und Spaß macht (Tanzen, Walken, Joggen, Schwimmen, Radfahren, Inlinern …).

• Abendentspannung
Schalten Sie am Abend bewusst runter. Langsame sanfte Bewegungen wie Yoga, Qi Gong, Tai Chi, ein Abendspaziergang sowie Gehmeditation können Ihnen dabei helfen, auf natürliche Weise ruhiger zu werden, und fördern einen erholsamen Schlaf.

• Wenn Sie die Fresslust packt …
Fragen Sie sich: Was ist die Ursache? Was brauche ich jetzt wirklich? Meistens steckt ein unbefriedigtes Bedürfnis dahinter, was nichts mit Essen zu tun hat. Schauen Sie, wie Sie für die Erfüllung dieses Bedürfnisses sorgen können. Machen Sie erst ein paar Yogaübungen, tanzen Sie zu Ihrer Lieblingsmusik, meditieren Sie oder gehen Sie eine Runde laufen. Schauen Sie, wie es Ihnen danach geht und ob der Essensdrang noch genauso stark ist. Sollten Sie tatsächlich Hunger haben, achten Sie zukünftig darauf, dass Sie über den Tag verteilt zusätzlich regelmäßig ausgewogen essen. Das kann Heißhunger-Attacken vorbeugen.

Zurück zur Natur
Sich wieder mehr in die Natur zu begeben hat heilsame und nährende Auswirkungen auf unseren Organismus. Forschungen konnten zeigen, dass sich in Zuständen achtsamer und intensiv empfundener Naturverbundenheit unsere Hirnströme in ähnlicher Art und Weise verändern wie bei der Meditation und Gefühle von Klarheit, Wachheit, Transzendenz und Kreativität, verbunden mit tiefer Freude entstehen.

Doch wohin gehen inmitten einer Großstadt? Auch in der Großstadt, zwischen Mauerritzen und Asphalt können Sie Natur entdecken. Ein Löwenzahn, der sich tapfer durch den Asphalt gegraben hat, ein verwilderter Hinterhof, eine überwucherte, stillgelegte Industrieanlage, ein kleiner Park, ein Blumenbeet neben den Parkbuchten – sind jeweils ein kleines Stück überraschende, unvermutete Natur, mit dem Sie sich wieder verbinden können. Durch die Rückverbindung zur Natur nehmen wir wieder am Zyklus des Lebens teil. Wir erleben plötzlich die Elemente, die Sonne, den Regen, den Wind, die Temperatur nicht nur durch unsere Autoscheibe oder durch den Wetterbericht. Erleben die Jahreszeiten nicht mehr nur durch den Shopping-Wahn zum Weihnachtsgeschäft oder den Sommerurlaub auf Teneriffa. Indem wir uns mit achtsamkeitsgeschärften Sinnen hinauswagen, umfängt uns die Natur direkt vor unserer Haustür, auf unserem Balkon, auf dem Weg zur Arbeit, am Straßenrand, auf dem Mittelstreifen der Autobahn, in den Parks und Grünanlagen und natürlich im Wald, den Wiesen und Feldern, den Flüssen, Seen und dem Meer. Wo auch immer Sie leben, Sie sind umgeben von Natur und haben zu jeder Zeit die Möglichkeit, wieder Kontakt zu ihr aufzunehmen, sie zu spüren, zu riechen, zu begreifen, zu hören und zu schmecken und sich darüber wieder selbst als Teil der Natur zu fühlen. Die Industrialisierung und starke Verstädterung hat uns Menschen so weit von der Natur entfernt, dass die meisten sich selbst nicht mehr als der Natur zugehörig begreifen. Diese Trennung schafft unerfüllbare Erwartungen an unsere Leistungsfähigkeit und Funktionalität, die sich eher an Maschinen und Computern orientiert als an den Wachstums- und Wandlungszyklen der Natur. Dabei sind wir Menschen durch und durch Natur und genau diesen Zyklen unterworfen.

Ich möchte Sie einladen und inspirieren, sich der Natur und damit auch Ihrer eigenen Natürlichkeit wieder anzunähern:

Übung Natur-Meditation

Suchen Sie sich dazu einen für Sie einladenden Platz, wenn möglich in einem Wald oder Park. Nehmen Sie nur das Nötigste mit. Gehen Sie, streifen Sie durch die Landschaft, ziehen Sie Ihre Schuhe aus und laufen Sie barfuß. Fühlen Sie den Boden, auf dem Sie gehen. Streichen Sie mit den Händen über Grashalme, Moos, Baumrinden, Steine. Nehmen Sie einfach wahr, was ist. Das Zwitschern der

Vögel, den Duft der Bäume, das Gluckern des Wassers. Lassen Sie sich Zeit. Finden Sie einen Platz, an dem Sie sich gerne hinsetzen oder hinlegen möchten. Machen Sie es sich dort bequem, mit etwas Laub, einem Bündel Gras oder einer mitgebrachten Decke. Kommen Sie auf diesem Platz zur Ruhe und sitzen oder liegen Sie hier mit offenen Sinnen. Wie fühlen Sie sich? Wie fließt Ihr Atem?
Genießen Sie, hier zu sein. Die Natur umfängt und hält Sie. Sie wertet nicht, Sie dürfen jederzeit so sein, wie Sie gerade sind. Sich ausruhen, in der Natur Kraft schöpfen und Heilung finden. Nicht umsonst sagt der Volksmund: Mutter Natur – der Ort, an den wir immer wieder zurückkehren können und Geborgenheit und Kraft finden.

Finden Sie für sich einen Lieblingsplatz, an den Sie immer wieder zurückkehren können, um sich regelmäßig mit der Natur zu verbinden. Das kann ein liebgewonnener Baum sein, ein Hügel mit einer schönen Aussicht, ein Eckchen in Ihrem Garten oder ein Platz an einem See. Ihr kleiner Zufluchtsort sollte für Sie leicht erreichbar sein. Sie sollten dort möglichst ungestört sein können und sich mit all Ihren Sinnen wohl fühlen. Begeben Sie sich zu unterschiedlichsten Tages- und Jahreszeiten an diesen Ort und verbringen Sie dort Zeit, dann werden Sie immer neue Entdeckungen machen können. Beobachten Sie die Wandlungszyklen. Das Licht verändert sich, Blätter, Blüten, Früchte werden auftauchen und im Wandel der Jahreszeiten wieder vergehen. Ihnen werden unterschiedliche Tiere begegnen, manche vielleicht sogar regelmäßig. Lassen Sie sich verzaubern. So wird der Platz zu Ihrem persönlichen Kraftort werden, und durch Ihre Beobachtungen, Ihr Spüren und Ihre wachsende Präsenz werden Sie sich auf eine ganz sanfte und natürliche Art und Weise mit dem, was Leben heißt, wieder verbinden.

Übungen für die 7. Woche

- Praktizieren Sie an 6 Tagen der Woche (wenn Sie mögen auch täglich) jeweils 45 Minuten (ohne Hilfe der CDs) Yoga, Body-Scan, Meditation im Sitzen oder Gehen, und zwar in der Mischung, wie Sie gerne die Praxis nach den acht Wochen beibehalten möchten (z.B. 15 Minuten Meditation, 20 Minuten Yoga, 10 Minuten Body-Scan). Haben Sie bereits zu einer Praxis-Gewohnheit gefunden, mit der Sie glücklich sind, fahren Sie damit fort, jedoch ohne die CDs einzusetzen. Sollte es Ihnen noch nicht möglich sein, vollständig auf die CDs zu verzichten, üben Sie einen Tag mit CDs und am anderen Tag ohne, so dass Sie sich langsam daran gewöhnen.
- Praktizieren Sie informell im täglichen Leben, d.h., seien Sie achtsam und bewusst bei allem, was Sie tun.
- Experimentieren Sie nach Ihren jeweiligen Möglichkeiten und Vorlieben mit sportlichen Aktivitäten, Ernährung, der Natur und Momenten der Muße. Probieren Sie ruhig auch mal Neues aus. Schauen Sie, auf welche Weise, die Ihnen guttut und für Sie in Ihrem aktuellen Alltag praktikabel ist, Sie Kraft tanken und für sich sorgen können.

WOCHE 8

Die Praxis beibehalten

Reflexion der Erfahrungen der vergangenen Woche

Ihre siebte Übungswoche ist nun vorbei. Herzlichen Glückwunsch! Sie haben bis hierhin durchgehalten, Sie haben es geschafft! Wie ist es Ihnen in dieser Woche mit der individuell gestalteten Praxis ohne Zuhilfenahme der CDs ergangen? Was hat sich dadurch in Ihrer Praxis verändert? Wie sind Sie mit aufkommenden Schwierigkeiten umgegangen? Was haben Sie dann anders gemacht?

Praxis der Liebenden-Güte-Meditation

Bevor wir uns dem Inhalt dieser Wocheneinheit widmen, möchte ich Sie zu einer Liebenden-Güte-Meditation einladen. Es geht dabei um eine freundliche, empathische Zuwendung uns selbst gegenüber und, in der Erweiterung, auch anderen Wesen gegenüber. Diese Form der Meditation hat eine lange Tradition und wird im Buddhismus Metta-Meditation oder Liebende-Güte-Meditation genannt. Mit wachsender Übung können wir eine liebevolle, freundliche und zugewandte innere Haltung kultivieren, die es uns ermöglicht, friedvoller und gelassener mit uns und unserem Umfeld umzugehen. Durch Hirnforschungen konnte festgestellt werden, dass Langzeit-Praktizierende durch die Schulung in Liebende-Güte-Meditation auf potenziell aggressive oder angstauslösende Reize gelassener und sogar mit erhöhtem Mitgefühl reagierten (anstatt mit Stressgefühlen wie Angst oder Wut). Somit schützt uns Liebende Güte vor Stressempfindungen und ihren Reaktionen.

Metta-Meditation

Setzen Sie sich in Ihre bevorzugte Meditationshaltung und erlauben Sie Ihrem Körper und Geist, zur Ruhe zu kommen.
Lassen Sie Ihre Aufmerksamkeit sanft auf Ihrem Atem ruhen.

1. Mitgefühl mit sich selbst
Wenden Sie sich zuerst sich selbst zu. Sobald Sie innerlich ein wenig zur Ruhe gekommen sind, nehmen Sie Kontakt auf zu Ihrer jetzigen Situation. Machen Sie sich bewusst, worunter Sie im Augenblick leiden. Welche Probleme haben Sie gerade, was stresst Sie, womit haben Sie aktuell Schwierigkeiten? Vielleicht haben Sie auch einen für Sie schwer zu akzeptierenden Wesenszug, der Sie und andere immer wieder in Schwierigkeiten bringt. Lassen Sie Ihre Themen in sich aufsteigen und lassen Sie auch die aufkommenden Gefühle zu. Vielleicht spüren Sie Wut, Ärger, Angst, Frustration oder Traurigkeit. Lassen Sie Mitgefühl in sich entstehen, dieses leichte Ziehen im Herzen, dieses Gefühl, das Sie kennen, wenn Sie an Ihr weinendes Kind denken oder an einen kleinen Welpen, der sich verletzt hat und Sie mit seinen großen Hundeaugen hilfesuchend anschaut. Lassen Sie dieses zarte, liebevolle Gefühl in Ihnen größer werden und wenden Sie sich damit sich selbst zu. »Ich sehe mein Leid, es tut weh, ich kann es fühlen.« Dann wünschen Sie sich von ganzem Herzen: »Möge mein Leid ein Ende haben. Möge ich glücklich sein. Möge ich friedvoll und ruhig sein, möge ich frei von Schmerz und Leid und dessen Ursachen sein. Möge ich heilsame Lösungen finden. Möge ich alles erhalten, was ich brauche.«
Formulieren Sie ruhig eigene, für Sie stimmige Wünsche. Bleiben Sie so lange dabei, bis Sie das Gefühl haben,

dass der Prozess für diesen Moment erst einmal abgeschlossen ist.

2. Mitgefühl mit einer geliebten Person

Nun wenden Sie sich jemandem zu, den Sie uneingeschränkt lieben und mit dem die Beziehung unbelastet ist. Das kann Ihr Kind sein, Ihr Partner, ein Elternteil, Ihre Großmutter oder auch Ihr Haustier oder eine gute Freundin. Lassen Sie diese Person vor Ihrem inneren Auge Gestalt annehmen und vergegenwärtigen Sie sich ihr Leid. Was mag sie gerade beschäftigen, worunter leidet sie, wovor hat sie Angst, was macht sie traurig? Dehnen Sie dann Ihr liebevolles, mitfühlendes Gefühl auf diese Person aus und lassen Sie sich von ihrem Leid berühren. Aus diesem berührten Herzen mag der Wunsch entstehen: Mögest du frei sein von deinem Leid! Und so beginnen Sie, innerlich Wünsche für diese Person zu formulieren wie: »Mögest du glücklich sein. Mögest du tiefe Freude erfahren. Mögest du gut und ruhig schlafen. Mögest du spontane heilsame Lösungen für deine Probleme finden …« Wünschen Sie, was auch immer Ihnen einfällt.

3. Mitgefühl mit einer für Sie neutralen Person

Nun wenden Sie sich jemandem zu, dem gegenüber Sie neutral eingestellt sind, jemandem, den Sie vielleicht gar nicht wirklich kennen, wie Ihre Nachbarin, der Rentner, der jeden Morgen mit seinem Dackel an Ihnen vorbeigeht, der Busfahrer oder die junge Frau, die immer mit Ihnen morgens in die Bahn einsteigt. Was mag diese Person beschäftigen, worunter mag sie leiden, was sind ihre Ängste und Sorgen? Lassen Sie sich von ihrem Leid berühren. Und so beginnen Sie, innerlich Wünsche für diese Person zu formulieren wie: »Mögest du glücklich sein. Mögest du tiefe Freude erfahren. Mögest du Ruhe und Frieden erfahren. Mögest du spontane Lösungen für deine

Probleme finden. Mögest du frei sein von deinem Leid und dessen Ursache …« Wünschen Sie, was auch immer Ihnen einfällt.

4. Mitgefühl mit einer für Sie schwierigen Person

Und zum Schluss – wenn Sie möchten – wenden Sie sich jemandem zu, mit dem Sie gerade Schwierigkeiten haben, vielleicht gestern einen Konflikt hatten, der noch in Ihnen schwelt, oder der Sie verletzt hat. Bitte wählen Sie zu Anfang nicht direkt Ihren größten Widersacher, der mit Ihrem tiefsten Lebensthema verbunden ist. Überfordern Sie sich nicht.

Machen Sie sich bewusst, worunter diese Person leidet. Wie würden Sie sich fühlen, wenn Sie die gleiche Körperhaltung, die gleiche Mimik und den gleichen Tonfall einnehmen würden? Wären Sie glücklich? Nein? Menschen können aus ihrem Leid heraus ganz schön gemein und niederträchtig sein. Wie sehr sie anderen weh tun, gibt Aufschluss darüber, wie sehr sie selbst leiden. Stellen Sie sich vor, diese Person wäre komplett glücklich und ausgeglichen, was wäre dann? Würde sie dann immer noch so harsch agieren? Statt sich in Schuldzuweisungen und Groll zu ergehen (was nur Ihren Stress und Ihr eigenes Leiden an der Situation steigert), möchte ich Sie einladen, etwas vollkommen Ungewöhnliches zu tun: Lassen Sie sich von dem Leid dieser Person, aus dem heraus sie handelt, berühren. Und beginnen Sie, innerlich Wünsche für diese Person zu formulieren. Und wenn es erst einmal nur ganz kleine Wünsche sind, wie: »Möge sich ein Lächeln in dein grimmiges Gesicht verirren. Mögest du deinen Kaffee genießen können. Möge deine Frau nett zu dir sein.« Was auch immer Ihnen einfällt. Manchmal haben wir Wunschphantasien, dass gerade diesem Menschen etwas Schlimmes zustoßen möge, damit wir endlich Ruhe haben. Es kann uns anfänglich überfordern, jemandem gegenüber, der uns verletzt hat, uneingeschränkt positive Wünsche zu formulieren. So kann es für den Anfang beispielsweise schon ein Fortschritt sein, zu wünschen: »Mögest du heute keine Magenschmerzen haben. Mögest du dir heute keinen Kaffee über die Hose kippen. Mögest du dir heute keine Grippe einfangen.«

5. Universales Mitgefühl

Lassen Sie nun Ihr Mitgefühl universaler werden und vergegenwärtigen Sie sich, dass es überall auf der Welt Lebewesen gibt, Menschen, Tiere, Vögel, Fische und Insekten, die alle auf ähnliche Art und Weise wie wir leiden – jetzt, in diesem Moment. Wünschen Sie: »Mögen alle Lebewesen glücklich sein. Mögen wir alle frei sein von Leid und seinen Ursachen. Mögen wir alle glücklich, friedvoll und ruhig sein. Mögen wir alle, wo auch immer wir sind, tiefen Gleichmut erfahren.«

Schließen Sie dann den Prozess an dieser Stelle ab, indem Sie sich bewusst von den Bildern und Erlebnissen der Meditation lösen und Ihre Aufmerksamkeit wieder zu Ihrem Atem zurückbringen. Sitzen Sie noch für eine Weile mit sanfter Ausrichtung auf Ihren Atem in Stille, lassen Sie Ihren Geist zur Ruhe kommen und beenden Sie nach Ihrem eigenen Ermessen die Meditation.

Zu den Wünschen

Die formulierten Wünsche in dieser Meditation sind keine Affirmationen, mit denen wir uns einreden, dass alles wunderbar in Ordnung ist, wir glücklich sind und alle, die uns verletzt haben, nette Menschen sind. Bei diesen Wünschen geht es darum, dass wir uns innerlich auf eine heilsame Geisteshaltung ausrichten. Wir haben immer die Wahl, ob wir uns auf Hass und Destruktivität ausrichten oder unsere geistige Kraft nutzen, uns darauf zu fokussieren, was langfristig unser Gemüt beruhigt, uns handlungsfähig hält und zur Klärung der Situation beiträgt. Wenn Sie sich Glück wünschen, heißt das nicht, dass Sie jetzt in diesem Moment schon glücklich sein müssten, während Ihnen die Tränen die Wangen herunterlaufen. Es ist nichts falsch daran, wenn Sie traurig sind. Vielmehr öffnen Sie sich über den Wunsch »Möge ich glücklich sein« der Möglichkeit, auch wieder glücklich zu sein. Irgendwann. Vielleicht gleich, vielleicht später, Sie sind offen dafür, dass es geschehen kann, dass Sie irgendwann wieder glücklich sind. Sie verbinden sich so mit dem natürlichen Gesetz der Vergänglichkeit. Wenn Sie eine Depression erleben, traurig sind, Kummer haben, verschwindet diese Möglichkeit, glücklich zu sein, vollkommen hinter einer Wand aus Traurigkeit. Und alles, was Sie sehen, scheint dann nur noch aus Traurigkeit zu bestehen. Ihre Wahrnehmungsbrille ist auf Negativität und Traurigkeit scharf gestellt. Damit verfestigt sich die Traurigkeit. Doch das achtsame Wahrnehmen des eigenen gegenwärtigen Zustands, das Entwickeln von Mitgefühl für sich selbst (sowie für andere) und die innere Ausrichtung über einen Wunsch öffnen Sie wieder für die Möglichkeit, dass der Zustand vergänglich ist und sich die Dinge auch wandeln dürfen. Wünschen öffnet. Verbunden mit Liebender Güte und Mitgefühl werden die Wünsche heilsam, so dass sie uns und andere fördern. Unser eigenes Erleben leidhafter Zustände verbindet uns mit anderen und deren Leid. Wir beten damit aber niemanden gesund. Die Dinge werden sich auch nicht wie durch Zauberhand plötzlich wandeln, und Menschen, denen Schlimmes angetan worden ist, werden ihren Widersachern nicht glücklich in den Armen liegen. Darum geht es auch gar nicht. Es ist vielmehr ein Übungsweg, der aus dem Hass hinausführt.

Während ich diese Zeilen schreibe, detonieren Bomben von Selbstmordattentätern in Israel. Zwei Busse wurden beschossen, Zivilisten, Attentäter und Soldaten kamen ums Leben oder wurden körperlich wie psychisch schwer verletzt. Jeder von

Ihnen war/ist ein Mensch, der liebt/e und geliebt wird/wurde, vielleicht Kinder, eine Familie hat/te. Ein aktuelles Beispiel. Doch ein Beispiel unter vielen. In Großbritannien brennen Häuser, werden Läden demoliert und geplündert; in Berlin brennen Autos. Überall auf der Welt werden jetzt in diesem Moment Männer, Frauen und Kinder gequält, getötet oder vergewaltigt. Jeder Mensch, der früh in seinem Leben Gewalt erlebte, hat statistisch gesehen ein großes Potenzial, selbst im Verlauf seines Lebens zum Täter zu werden. Gewalt erzeugt Gegengewalt, Stressreaktion pur. Wir können selbst nicht die ganze Welt verändern, aber wir können unser eigenes Leben aufräumen, Bewusstsein schaffen für unsere Impulse und Vorgänge, unser liebendes, mitfühlendes Herz stärken, unser Gemüt beruhigen und unseren Geist schulen, damit wir uns nicht in Hass und Gewalt verlieren. Denn dann sind wir wirklich im Stress-Strudel verloren. Hass hat die Eigenschaft, größer zu werden, je mehr wir ihm nachgeben. Er frisst uns auf. Das Feuer des Hasses macht alles zunichte, was wir an Qualitäten in diesem Leben aufgebaut haben. Er zerfrisst uns und schmerzt immer stärker, je mehr wir ihn versuchen auszuagieren. Die Übung der Achtsamkeit ist so wichtig, um den Kopf nicht zu verlieren und präsent und handlungsfähig zu bleiben, was auch immer geschieht. Mitgefühl ist das Gegenmittel zu Hass – das einzige!

Bestandsaufnahme Hier und Jetzt

Jetzt geht es darum, die vergangenen Wochen noch einmal Revue passieren zu lassen und zu schauen, was sich durch den Kurs bisher in Ihrem Leben verändert hat und wie es von hier aus weitergehen kann.

Dazu möchte ich Sie zu einer kleinen Selbstreflexion anregen. Schreiben Sie die Antworten und Gedanken wieder in Ihr Notizbuch:

Vergegenwärtigen Sie sich noch einmal, warum Sie dieses Buch gekauft und mit diesem Programm angefangen haben.

- Was haben Sie sich davon erhofft? Was war Ihr Wunsch? Was sollte sich dadurch in Ihrem Leben verändern?
- Was hat sich durch das Programm in Ihrem Leben und Erleben verändert?
- Es war mit Sicherheit nicht leicht, dieses Programm durchzuhalten. Was haben Sie investiert? Vielleicht Zeit, Geld. Sie haben die eine oder andere Verabredung abgesagt, sind früher aufgestanden oder konnten Ihre Kinder nicht ins Bett bringen …
- Welche Hindernisse haben Sie ausmachen können, die Sie davon abhalten, zu wachsen und sich zu entwickeln und zu Ihrer Ganzheit zurückzufinden?
- Was hilft Ihnen, den Weg weiterzugehen? Auf welche persönlichen Stärken und Fähigkeiten können Sie zurückgreifen? Was konnten Sie durch das Training der Achtsamkeit Hilfreiches dafür entwickeln und entdecken?

Empfehlungen für einen achtsamen Alltag

Die Frage, die sich viele nun stellen, ist: Wie geht es jetzt weiter? Wie kann ich einen achtsamen Alltag leben? Folgende Empfehlungen mögen Sie diesbezüglich inspirieren:

- Gewöhnen Sie sich an, direkt beim Aufwachen Ihre Aufmerksamkeit auf Ihren Atem zu richten. Fühlen Sie Ihren Atem und bleiben Sie einige Atemzüge lang dabei, bevor Sie aufstehen. Sie können, auf der Bettkante sitzend, einen »Atemraum« praktizieren, bevor Sie dann aufstehen.
- Praktizieren Sie Achtsamkeit bei alltäglichen Verrichtungen: beim Zähneputzen, Duschen, Spülen, Haarewaschen, Schuhe Anziehen, Autofahren und allen Tätigkeiten Ihrer täglichen Arbeit. Was auch immer Sie zu tun haben, machen Sie es zu Ihrer Übung in Achtsamkeit. Je mehr Tätigkeiten Sie in Achtsamkeit verrichten, desto mehr üben Sie sich in Präsenz.
- Seien Sie jedes Mal achtsam dafür, wenn Sie aus einer Körperhaltung in die nächste wechseln, beispielsweise wenn Sie sitzen und dann ins Stehen wechseln, vom Stehen ins Gehen,

vom Gehen wieder ins Sitzen und vom Sitzen ins Liegen. Wie fühlt sich Ihr Körper in der jeweiligen Position an?

- Nutzen Sie Geräusche wie Telefon- bzw. Handy-Klingeln, Autohupen, Türklingeln oder Kirchturmglocken als Wecksignale, um aus dem Autopiloten auszusteigen. Sobald sie diese Klänge hören, atmen Sie bewusst ein und aus und widmen Sie sich dem aktuellen Moment in Präsenz und Aufmerksamkeit.
- Nutzen Sie Essen und Trinken als Achtsamkeitsübungen. Das Essen ist nicht einfach so auf Ihrem Teller gelandet oder das Getränk in Ihrer Tasse. Viele Prozesse und der Einsatz von Menschen und Tieren waren nötig, damit Sie es nun genießen können. Geben Sie sich einen Moment Zeit, sich dessen bewusst zu werden und es in Dankbarkeit zu würdigen. Sehen Sie Ihr Essen oder Ihr Getränk an. Riechen Sie es, schmecken Sie es, kauen Sie es bewusst und bleiben Sie auch während des Schluckprozesses präsent. Achten Sie auf Ihre Gefühle, auf Ihre Gier und darauf, ob Ihnen das Lebensmittel bekommt und Sie und Ihre Gesundheit wirklich nährt. Woran können Sie das bemerken?
- Verbinden Sie sich während des Tages immer wieder einmal mit Ihrem Atem. Lassen Sie sich dies zur Gewohnheit werden. Achten Sie auf die Qualität des Atems: Ist er lang oder kurz, tief oder flach, schnell oder langsam, fließend oder stockend?
- Verfeinern Sie die Wahrnehmung für Ihren Körper. Bemerken Sie, wie Sie sich in Ihrem Körper fühlen. Ist Ihr Körper angespannt oder gelöst? Schmerzt Ihr Nacken, ziehen Sie die Schultern hoch, beißen Sie die Zähne aufeinander, schmerzt Ihr Rücken? Lösen Sie die Spannung mit dem Ausatmen, so wie es Ihnen möglich ist. Stehen Sie öfter am Tag mal von Ihrem Schreibtisch auf, gehen Sie an die frische Luft, laufen Sie die Treppen hoch, machen Sie ein paar Yogaübungen, bewegen Sie sich. Recken und strecken Sie sich während des Tages öfter mal. Und sollten Sie zu den Menschen gehören,

die dauernd in Bewegung sind, setzen Sie sich doch zur Abwechslung einmal hin und kommen Sie bewusst zur Ruhe.

- Nutzen Sie Wartesituationen als Übungsgelegenheiten. Achten Sie auf Ihren Atem, bleiben Sie präsent. Gut passt hier meist die Praxis des »Atemraums« oder eine Gehmeditation. Bemerken Sie, wenn Sie ungeduldig werden, und schauen Sie, welche geistigen Prozesse diese Ungeduld aufrechterhalten. Was passiert, wenn Sie annehmen, was ist, und sich auf Ihren Atem voll und ganz einlassen?
- Beschließen Sie den Tag damit, dass Sie die Aufmerksamkeit auf Ihren Atem richten. Sie können dies im Liegen oder im Sitzen tun. Spüren Sie die Atembewegungen in Ihrem Körper für ein paar Atemzüge. Lösen Sie sich immer wieder von auftauchenden Bildern und Gedanken. Sollten Sie etwas nicht loslassen können, schreiben Sie es auf. Lassen Sie nach dem Schreiben Ihren Geist noch einmal in der Ausrichtung auf den Atem zur Ruhe kommen und dann: Gute Nacht. Sollten Sie in der Nacht wach werden und von Grübel-Gedanken angefallen werden, nutzen Sie den Atem, um sich von den Gedanken zu lösen.

Fortsetzung der Praxis

Mit der Beendigung dieses 8-Wochen-Kurses ist die Praxis nicht vorbei, ganz im Gegenteil – jetzt fängt sie erst richtig an. Sie verlassen lediglich das vorstrukturierte Programm und werden nun vermehrt auf sich selbst gestellt sein. Heute beginnt nicht nur die achte Woche Ihrer Praxis, sondern der Rest Ihres Lebens! Die Acht (8) ist auch das Zeichen der Unendlichkeit. Es wäre schade, wenn Sie jetzt aufhören würden, denn dann verflüchtigten sich die meisten Errungenschaften schnell wieder. Wenn Sie jetzt aufhören, baut die Natur wieder alles ab, was Sie an Achtsamkeits-Verknüpfungen aufgebaut haben. Sie (ge)brauchen sie ja nicht mehr. Die Natur ist da sehr pragmatisch. Doch wenn Sie weiterüben, belohnt Sie die Natur durch das Stärken dieser Verknüpfungen, und es wird Ihnen immer leichter fallen, präsent und achtsam zu sein. So werden Sie sich immer weniger gestresst fühlen, Ihre Persönlichkeit entwickelt sich weiter und Ihr Leben intensiviert sich. Sie leben wirklich, statt nur ein Zuschauer in Ihrem Leben zu sein.

Es gibt eine Reihe erprobter Empfehlungen, die ich Ihnen ans Herz legen möchte, damit sich Ihre Praxis weiter entfaltet. Nutzen Sie sie, soweit sie für Sie stimmig sind:

- Behalten Sie Ihre Übungsroutine bei! Da sich bereits Gewohnheitsmuster in Ihrem Gehirn gebildet haben, wird das mit jedem Übungstag leichter. Machen Sie nicht mehr als 72 Stunden Pause mit den Übungen, denn dann beginnt der Abbauprozess der neurologischen Verschaltungen und es ist bedeutend schwieriger, mit der Praxis wieder anzufangen.
- Wenn Sie mittlerweile eine Übungsroutine mit festen Zeitspannen entwickelt haben, behalten Sie diese bei. Wenn nicht, wählen Sie eine Zeitspanne, die für Sie möglichst jeden Tag durchführbar ist (20–45 Minuten). Planen Sie diese Zeit als Termin im Vorfeld schon fest in Ihren Tagesablauf ein. Üben Sie sich möglichst jeden Tag in Meditation. Empfehlenswert sind 20–45 Minuten. Zusätzlich dazu drei- bis viermal pro Woche Yoga und/oder Body-Scan. Sollte der Body-Scan Ihre Hauptpraxis geworden sein, so üben Sie ihn 20–45 Minuten täglich und ergänzend dazu Yoga und/oder Meditation im Gehen oder Sitzen nach Belieben.
- Sollten Sie einmal einen Tag haben, an dem sich Ihre Routine überhaupt nicht beibehalten lässt, üben Sie kleine Einheiten. Wählen Sie z.B. 5 Minuten Meditation, bevor Sie das Haus verlassen, 3 Minuten »Atemraum« vor einem Meeting, Kurz-Body-Scan beim Warten auf den Flug, eine Stehmeditation in der Warteschlange, 1–3 Yogaübungen zum Runterkommen nach einem hektischen Tag (statt Fernsehen und Absacker-Weinchen). Lassen Sie diese kleinen Einheiten öfter mal in Ihren Tag einfließen, so halten Sie damit die Achtsamkeit aufrecht.

- Benutzen Sie die CDs, solange Sie möchten. Wenn Sie lange ohne CDs geübt haben, praktizieren Sie zwischendurch mal wieder mit ihnen. Manchmal vergisst man Anweisungen oder versteht sie mit wachsender Übungserfahrung auf eine andere, tiefere Art und Weise.
- Besinnen Sie sich während des Tages immer wieder auf Ihren Atem und verbinden Sie sich mit dem gegenwärtigen Moment. Bemerken Sie, wenn Sie Dinge automatisch tun.
- Nutzen Sie im Alltag kleine Momente für eine Mini-Meditation, für bewusstes Atmen und Gehen oder achtsames Teetrinken oder Essen.
- Führen Sie Alltagstätigkeiten mit Bewusstheit aus.
- Etablieren Sie Momente der Stille oder auch einzelne Retreat-Tage (z.B. am Wochenende).
- Vertiefen Sie die Praxis durch längere Retreats. Adressen von Retreat-Zentren finden Sie im Anhang.
- Üben Sie bei alltäglichen Schwierigkeiten, mit Hilfe Ihres Atems präsent und zentriert zu bleiben. Erhöhen Sie langsam den Schwierigkeitsgrad.
- Lassen Sie sich durch Literatur weiter inspirieren. Hilfreiche und erprobte Literatur finden Sie im Anhang.
- Es kann helfen, sich mit anderen Praktizierenden zusammenzutun, sich z.B. einer Yoga- bzw. Meditationsgruppe anzuschließen. Auch wenn Sie es vielleicht nur einmal im Monat oder noch seltener schaffen, dorthin zu gehen, sind Sie zumindest in einem lockeren Kontakt. Das kann sehr stabilisierend wirken.
- Sollten Sie, durch was auch immer, im Laufe der Zeit die Praxis einmal ganz verloren haben, fangen Sie einfach wieder an. Atmen Sie bewusst ein und aus (das ist dann der Beginn), nehmen Sie das Buch wieder aus dem Regal, legen Sie eine der CDs ein und beginnen Sie einfach mit der Übung, die Sie jetzt am meisten anspricht, oder Sie folgen dem gesamten Programm wieder ab der ersten Woche.

Übungen ab der 8. Woche

- Üben Sie von nun an in Ihrer begonnenen Übungsroutine weiter. Üben Sie möglichst täglich.
- Nutzen Sie zwischendurch immer wieder einmal die CDs. Nutzen Sie auch ruhig CDs anderer Lehrender, die im Handel angeboten werden. Das kann Ihre Praxis durchaus beleben.
- Machen Sie Gebrauch von den Empfehlungen zur Fortsetzung der Praxis und den Empfehlungen für einen achtsamen Alltag.

ANHANG

Übungsplan – Übersicht

1. Woche

- Üben Sie den Body-Scan mit der CD an 6 Tagen dieser Woche.
- Essen Sie pro Tag eine Mahlzeit in Achtsamkeit.
- Schreiben Sie die Acht Prinzipien der Achtsamkeit auf ein DIN-A4-Blatt.
- Lösen Sie die »9-Punkte-Übung« (siehe Kapitel 1).

2. Woche

- Üben Sie den Body-Scan mit der CD an 6 Tagen dieser Woche.
- Üben Sie die Achtsamkeitsmeditation auf den Atem mit der CD an 6 Tagen der Woche. Machen Sie sich so früh wie möglich unabhängig von der CD. Wenn Sie die Atemmeditation ohne CD üben, reichen 15 Minuten. Sollte dieser Zeitraum anfangs Ihre Fähigkeit, aufmerksam zu bleiben, übersteigen, unterteilen Sie ihn in 5-Minuten-Abschnitte. Stellen Sie sich dafür einen Timer.
- Führen Sie eine Tätigkeit Ihres täglichen Lebens voller Bewusstheit aus (z. B. Schuhe anziehen, spülen, Zähne putzen, Haare waschen, Müll rausbringen, Ihren Kindern vorlesen ...).
- Achten Sie jeden Tag auf kleine angenehme Ereignisse, und tragen Sie sie in die Tabelle (siehe Kapitel 2) ein.

3. Woche

- Üben Sie an 6 Tagen dieser Woche im Wechsel den Body-Scan an einem und Yoga am darauffolgenden Tag.
- Üben Sie die Achtsamkeitsmeditation auf den Atem an 6 Tagen der Woche für 15–20 Minuten (möglichst ohne CD).
- Bemerken Sie während des Tages, wenn Sie sich im Autopilot-Modus befinden und wenn Sie etwas aus der Balance bringt.
- Achten Sie in dieser Woche bewusst jeden Tag auf unange-

nehme Ereignisse, und schreiben Sie täglich eines davon in die vorbereitete Tabelle (siehe Kapitel 3).

4. Woche

- Üben Sie weiterhin an 6 Tagen der Woche abwechselnd den einen Tag Body-Scan und am anderen Tag Yoga.
- Ebenso an 6 Tagen der Woche 15–20 Minuten die Sitzmeditation mit Achtsamkeit auf den Atem (ohne CD).
- Üben Sie den »Atemraum« dreimal täglich zu vorher festgelegten Zeiten.
- Bemerken Sie, wenn Sie in Stress geraten. Werden Sie sich bewusst, auf welche Art und Weise Ihr Organismus auf Stress reagiert (z.B. mit Herzklopfen, Muskelspannung, flacherer Atem, Zittern).
- Woran können Sie bemerken, dass Sie sich in einer Situation verrannt oder festgefahren haben?
- Lassen Sie die Inspirationen für einen achtsamen Arbeitstag in Ihren Alltag einfließen.

5. Woche

- Üben Sie an 6 Tagen dieser Woche abwechselnd die Meditation zum Umgang mit Störungen mit CD 2 und am anderen Tag üben Sie Yoga oder Body-Scan, was auch immer Ihnen lieber ist.
- Wenn Sie einen Yoga- oder Body-Scan-Tag haben, üben Sie zusätzlich noch 15–20 Minuten die Sitzmeditation auf den Atem.
- Achten Sie in Ihrem täglichen Leben auf Ihre Reaktionsimpulse. Experimentieren Sie bewusst mit alternativen Handlungsmöglichkeiten.
- Üben Sie den »Atemraum« weiter dreimal täglich zu vorher festgelegten Zeiten.
- Benutzen Sie den »Atemraum« zusätzlich, um sich zu zentrieren, wenn Sie merken, dass Sie aus der Balance geraten, und um die Dinge ruhiger laufen zu lassen.

- Achten Sie in der Woche vermehrt auf schwierige Beziehungs- oder Kommunikationssituationen. Schreiben Sie Ihre Erlebnisse stichpunktartig auf und analysieren Sie das Erlebte mit Hilfe der Tabelle (siehe Kapitel 5).

6. Woche

- Üben Sie weiterhin an 6 Tagen der Woche abwechselnd die Meditation zum Umgang mit Störungen (CD 2) und am anderen Tag Yoga oder Body-Scan, was auch immer Ihnen an dem Tag lieber ist.
- Wenn Sie einen Yoga- oder Body-Scan-Tag haben, üben Sie zusätzlich noch 15–20 Minuten die Sitzmeditation auf den Atem oder als Alternative die Gehmeditation.
- Üben Sie zusätzlich die Gehmeditation in Alltagssituationen, beispielsweise in Ihrer Mittagspause, an der Haltestelle, am Kopierer, wann immer Ihnen danach ist.
- Nutzen Sie weiterhin den »Atemraum«, um sich zwischendurch am Tag zu zentrieren.
- Nehmen Sie problematische Kommunikationssituationen bewusst wahr und achten Sie darauf, wie Sie reagieren. Experimentieren Sie mit den Empfehlungen zur achtsamen bzw. Gewaltfreien Kommunikation.
- Achten Sie in dieser Woche vermehrt darauf, was Sie über Ihre Sinne (Sehen, Hören, Riechen, Schmecken, Tasten) tagtäglich alles aufnehmen (Essen, Medien, Gespräche usw.), und notieren Sie das jeden Tag stichpunktartig in Ihr Notizbuch.

7. Woche

- Üben Sie an 6 Tagen dieser Woche (wenn Sie mögen auch jeden Tag) 45 Minuten ohne Hilfe der CDs, wie es Ihnen beliebt.
- Praktizieren Sie informell im täglichen Leben, d.h., seien Sie achtsam und bewusst bei allem, was Sie tun.
- Experimentieren Sie Ihren jeweiligen Möglichkeiten und

Vorlieben entsprechend mit sportlichen Aktivitäten, Ernährung, der Natur und Momenten der Muße. Schauen Sie, auf welche Weise, die Ihnen guttut und für Sie in Ihrem aktuellen Alltag praktikabel ist, Sie Kraft tanken und für sich sorgen können.

ab 8. Woche

- Üben Sie von nun an in Ihrer sich bereits gebildeten Übungsroutine weiter. Üben Sie möglichst täglich.
- Nutzen Sie zwischendurch immer wieder einmal die CDs. Nutzen Sie auch ruhig CDs anderer Lehrender, die im Handel angeboten werden. Das kann die Praxis durchaus beleben.
- Machen Sie Gebrauch von den Empfehlungen zur Fortsetzung der Praxis und den Empfehlungen für einen achtsamen Alltag (siehe Kapitel 8).

Dank

Lange schon bin ich mit der Idee zu einem solchen Buch »schwanger« gegangen. Doch habe ich immer wieder auch gezweifelt und mich gefragt, ob es wirklich sinnvoll ist, ein so praktisch ausgerichtetes Thema aus der üblichen Unterrichtssituation mit einem direkten, persönlichen Kontakt zu einer lehrenden Person herauszulösen und in einem Buch zusammenzufassen. Doch es erreichten mich auch immer wieder E-Mails oder Anrufe von Menschen aus Deutschland und Österreich, die keinen Kurs in ihrer Nähe fanden, nicht in der Lage waren, weit zu fahren, oder auch nicht die finanziellen Mittel für einen Kurs aufbringen konnten. Sie gaben mir den Mut und die Zuversicht, dieses Programm als »Klassenraum in Buchform« zusammenzustellen. In dieses Projekt fließen nicht nur das Wissen und die Inspirationen der MBSR/MBCT-Lehrer-Ausbildungen, die ich durchlaufen habe, ein, sondern auch alle meine gesammelten Erfahrungen mit den Menschen, die an einem klassischen 8-Wochen-Kurs, einem Kompakt-Seminar oder einer über mehrere Wochen laufenden Einzelarbeit zum Erlernen des MBSR-Programms teilgenommen haben. Ich empfinde diese gemeinsame Arbeit als unglaublich spannend und inspirierend. Jeder Prozess, jede Frage, jede Schwierigkeit und jeder Erfolg, an dem ich teilhaben darf, berührt mich sehr, und ich bin stolz auf jeden Einzelnen. Ich danke euch und Ihnen allen von Herzen für die vielen Erfahrungen, die wir gemeinsam machen konnten und durch die wir alle gemeinsam gewachsen sind. Ihr/Sie habt/haben wesentlich dazu beigetragen, dass dieses Buch entstehen konnte.

Mein tief empfundener Dank gilt auch meinen geschätzten Lehrern, ohne die ich dieses Buch nicht hätte schreiben können: Dr. Linda Lehrhaupt, Prof. Jon Kabat-Zinn, Prof. Saki Santorelli und Prof. Mark Williams sowie meinen Herzenslehrern Lama Yeshe Sangmo, Lama Drime Öser und Lama Dordje Drölma. Prägend für mich waren ebenso Lama Gendün Rinpoche, Lama Walli, Lama Sönam Lhündrup, Lama Tsony Francis, Thich Nhat Hanh und Pema Chödrön, deren Belehrungen mein Verständnis der Praxis prägen und mich sehr inspirieren.

Ebenso möchte ich meiner Familie für ihren Einsatz danken, meiner Mutter und Karsten Volkmer für das schnelle und genaue Lesen des Skripts, ihre Anregungen und Verständnisfragen und meinem Bruder für eine traumhafte, inspirierende Herbstwanderung, Andreas Klaus vom O.W. Barth Verlag für die wirklich herzliche, humorvolle und inspirierende Betreuung, Sven von Strauch für seine unkomplizierte und präzise Aufnahmearbeit sowie meiner Agentin und Lektorin Ursula Richard, die wieder einmal ihr elegantes Geschick in Vermittlung und Überarbeitung bewiesen hat. Ich bin wirklich sehr glücklich über unsere Zusammenarbeit. Danke schön!

Möge dieses Buch Sie, lieber Leser, liebe Leserin, inspirieren und hilfreich für Ihren Lebensweg sein.

Literatur und CDs zur weiteren Unterstützung der Übungspraxis

Meditation & Body-Scan

Der Weg der Achtsamkeit – Bewusstheit und Meditation im täglichen Leben – Buch mit CD, Maren Schneider; München: Knaur 2009

Stressbewältigung durch die Praxis der Achtsamkeit – Buch mit CD, Jon Kabat-Zinn; Freiamt: Arbor 1999

Die heilende Kraft der Achtsamkeit (hier finden Sie die Berg- und See-Meditation) – Buch mit CD, Jon Kabat-Zinn, Ulrike Kesper-Grossman; Freiamt: Arbor 2004

Achtsamkeit und Meditation im täglichen Leben – Buch mit CD, Jon Kabat-Zinn, Heike Born; Freiamt: Arbor 2007

Achtsamkeit für Anfänger – Buch mit CD, Jon Kabat-Zinn, Nils Altner; Freiamt: Arbor 2009

Mitgefühl und Liebende Güte

Beginne wo Du bist, Pema Chödrön; Freiamt: Arbor 1997

Die Weisheit der Ausweglosigkeit, Pema Chödrön; Freiamt: Arbor 2004

Wenn alles zusammenbricht, Pema Chödrön; München: Goldmann-Arkana 2001

Meditation für Anfänger – Buch mit CD (hier finden Sie auch eine Mitgefühl-Meditation), Jack Kornfield; München: Goldmann 2005

Meditations-Praxis – CD (hier finden Sie auch eine Mitgefühl-Meditation), Jack Kornfield; München: Goldmann 2010

Yoga

Achtsamkeits-Yoga, Frank J. Boccio; Freiamt: Arbor 2006

Die MBSR-*Yogaübungen* – Buch mit CD, Jon Kabat-Zinn, Heike Born; Freiamt: Arbor 2010

Bücher zu Achtsamkeit und/oder MBSR

Die Praxis der Achtsamkeit, Mahathera Henepola Gunaratana; Heidelberg: Kristkeiz 1996

Im Hier und Jetzt zuhause sein, Thich Nhat Hanh; Berlin: Theseus 2006

Das Wunder der Achtsamkeit, Thich Nhat Hanh; Berlin: Theseus 1997

Gesund durch Meditation, Jon Kabat-Zinn; Frankfurt: O.W. Barth 2011

Im Alltag Ruhe finden, Jon Kabat-Zinn; München: Knaur 2010

Zur Besinnung kommen, Jon Kabat-Zinn; Freiamt: Arbor 2008
Stress bewältigen mit Achtsamkeit. Zu innerer Ruhe kommen durch MBSR, Linda Lehrhaupt und Petra Meibert; München: Kösel 2010
Stille in der Stadt: Ein City-Guide für kurze Auszeiten und überraschende Begegnungen, Ursula Richard; München: Kösel 2011
Zerbrochen und doch ganz, Saki Santorelli; Freiamt: Arbor 2000
Buddhas Anleitung für eine glückliche Partnerschaft, Maren Schneider; München: Gräfe und Unzer 2010
Der kleine buddhistische Krisenmanager, Maren Schneider; München: Knaur 2009
Der achtsame Weg durch die Depression, Segal, Williams, Teasdale, Kabat-Zinn; Freiamt: Arbor 2008

Bücher zu Achtsamkeit, Meditation und Hirnforschung

Das Gehirn eines Buddha. Die angewandte Neurowissenschaft von Glück, Liebe und Weisheit, Rick Hanson & Richard Mendius; Freiamt: Arbor 2010
Meditation für Skeptiker: Ein Neurowissenschaftler erklärt den Weg zum Selbst, Ulrich Ott; München: O.W. Barth 2011
Das Achtsame Gehirn, Daniel J. Siegel; Freiamt: Arbor 2007
Hirnforschung und Meditation: Ein Dialog, Wolf Singer & Matthieu Ricard; Berlin: Suhrkamp 2008

Naturerfahrungen

Mit der Wildnis verbunden: Kraft schöpfen, Heilung finden, Susanne Fischer-Rizzi; Stuttgart: Kosmos 2007

Adressen zu MBSR und MBCT

Sollten Sie nach einem Lehrer oder Kursangebot in Ihrer Region suchen wollen, Infos zu Stressbewältigung durch Achtsamkeit (MBSR) und Achtsamkeitsbasierter Kognitiver Therapie (MBCT) brauchen oder sich für eine Ausbildung zum MBSR- oder MBCT-Lehrer interessieren, können Sie bei folgenden Verbänden und Adressen nähere Informationen erhalten:

MBSR/MBCT-Verband, Muthesiusstr. 6, D-12163 Berlin,
Tel. 0049 (0) 30-79 70 11 04, kontakt@mbsr-verband.org,
www.mbsr-verband.org

MBSR-Verband Austria, Sturzgasse 40/2, A-1150 Wien,
info@mbsr-mbct.at, www.mbsr-mbct.at

MBSR-Verband Schweiz, CH-6000 Luzern, info@mbsr.ch,
www.mbsr-verband.ch

Arbor-Seminare gGmbH, Stühlingerstr. 21, D-79106 Freiburg,
Tel. 0049 (0) 761-89 62 91 06, www.mbsr-deutschland.de

Informationen über Forschungen und Ausbildungen weltweit:
Center for Mindfulness in Medicine, Health Care, and Society, University of Massachusetts Medical School,
55 Lake Avenue North, Worcester, MA 01655, USA,
mindfulness@umassmed.edu, www.umassmed.edu

MBSR- sowie MBCT-Kurse, -Seminare, -Retreats und Psychotherapie nach dem Heilpraktikergesetz mit der Autorin:
Institut für Achtsamkeit Düsseldorf,
Maren Schneider, Bahlenstr. 42, D-40589 Düsseldorf,
Tel. 0049 (0) 211-220 41 26, info@mbsr-duesseldorf.de,
www.achtsamkeit-duesseldorf.de

Adressen von Retreat- und Übungsplätzen

Benediktushof, Zentrum für spirituelle Wege, Klosterstr. 10,
D-97292 Holzkirchen, Tel. 0049 (0) 93 69-98 38-0,
info@benediktushof-holzkirchen.de, www.benediktushof-holzkirchen.de

BUDDHA-HAUS Meditations- und Studienzentrum e.V.
und »Das Waldkloster Metta Vihara«, Uttenbühl 5,
D-87466 Oy-Mittelberg, Tel. 0049 (0) 83 76-502, info@buddha-haus.de,
www.buddha-haus.de

Dharmazentrum Bliesekow, Kastanienstr. 21,
D-18198 Stäbelow/OT Bliesekow, Tel. 0049 (0) 382 07-737 67,
info@dharmazentrum-bliesekow.de, www.dharmazentrum-bliesekow.de

Dharmazentrum Möhra, Hoffmannshöhe 1, D-36433 Moorgrund,
Tel. 0049 (0) 36 95-85 07 52, dharmazentrum-moehra@gmx.de,
www.dharmazentrum-moehra.de

Dharmahaus Obermoschel, Wilhelmstr. 6, D-67823 Obermoschel,
Tel. 0049 (0) 63 62-620, kontakt@dharmahaus-obermoschel.de,
www.dharmahaus-obermoschel.de

Dharmazentrum Jägerndorf, Holzhamer Str. 5, D-94424 Arnstorf,
Tel. 0049 (0) 87 23-23 96, info@zentrum-jaegerndorf.de,
www.zentrum-jaegerndorf.de

Europäisches Institut für angewandten Buddhismus (EIAB),
Schaumburgweg 3, D-51545 Waldbröl, Tel. 0049 (0) 22 91-907-13 73,
info@eiab.eu, www.eiab.eu

Haus der Stille e.V., Mühlenweg 20, D-21514 Roseburg,
Tel. 0049 (0) 41 58-214, info@hausderstille.org, www.hausderstille.org

Kamalashila Institut, Kirchstr. 22 a, D-56729 Langenfeld/Eifel,
Tel. 0049 (0) 26 55-93 90-40, kamalashila@t-online.de,
www.kamalashila.de

Pauenhof e.V., Pauendyck 1, D-47665 Sonsbeck-Hamb,
Tel. 0049 (0) 28 35-448 94 40, info@pauenhof.de, www.pauenhof.de

Vipassana-Meditationszentrum Dhamma Dvāra,
Alte Str. 6, D-08606 Triebel, Tel. 0049 (0) 374 34-797 70,
info@dvara.dhamma.org, www.dvara.dhamma.org

Waldhaus am Laacher See, Heimschule 1, D-56645 Nickenich,
Tel. 0049 (0) 26 36-33 44, info@buddhismus-im-westen.de,
www.buddhismus-im-westen.de

Zenklausen, Huffelsheck 1, D-54619 Leidenborn,
Tel. 0049 (0) 65 59-467, zenklausen@t-online.de, www.zenklausen.de

Schweiz

Stiftung Felsentor, Romiti/Rigi, CH-6354 Vitznau,
Tel. 0041 (0) 41-397 17 76, info@felsentor.ch, www.felsentor.ch

Meditationszentrum Beatenberg, CH-3803 Beatenberg,
Tel. 0041 (0) 33-841 21 31, info@karuna.ch, www.karuna.ch

Österreich

Buddhistisches Zentrum Scheibbs, Ginselberg 12,
A-3270 Scheibbs/Neustift, Tel. 0043 (0) 74 82-424 12,
bz.scheibbs@gmx.at, www.bzs.at

Bezugsquellen für Yoga- und Meditationsbedarf

Lotus Design
Dharma Druck- und Vertriebs GmbH
Rommerskirchener Str. 21, D-50259 Pulheim
Telefon: 0049 (0) 22 38-9 559 966
Telefax: 0049 (0) 22 38-9 559 968
E-Mail: info@lotus-design.de
http://www.lotus-design.de

Klang & Stille GmbH
Rosenauweg 22, D-91346 Wiesenttal-Muggendorf
Telefon: 0049 (0) 91 96-998 040
Telefax: 0049 (0) 91 96-998 042
E-Mail: gassho@klang-stille.de
http://www.klangundstille.de

Bausinger GmbH
Gottlieb-Daimler-Str. 2, D-72479 Straßberg
Telefon: 0049 (0) 74 34-600
Telefax: 0049 (0) 74 34-604
E-Mail: info@bausinger.de
http://www.bausinger.de

Inhalt der CDs

CD 1:	1. Intro	00:12
	2. Die Rosinen-Meditation	13:11
	3. Der Body-Scan	36:21
	4. Achtsamkeitsmeditation auf den Atem	17:18
	5. Die Übung des »Atemraums«	04:11
CD 2:	1. Intro	00:13
	2. Achtsamkeits-Yoga	45:40
	3. Meditation zum Umgang mit Störungen	27:40

Anmerkungen

1 Übersicht der Studien unter http://www.mindfulexperience.org
2 In Anlehnung an die Vorschläge und Anregungen zum achtsamen Umgang mit Essen und Ernährung von Jon Kabat-Zinn in *Gesund durch Meditation,* O.W.Barth 2011, S. 540 ff.
3 Bei diesen Prinzipien der Achtsamkeit folge ich der Darlegung Jon Kabat-Zinns im Kapitel »Die rechte Haltung als Grundlage der Achtsamkeit« (*Gesund durch Meditation,* S. 60 ff.). Ich habe den dort aufgeführten sieben Prinzipien ein achtes hinzugefügt: Liebe und Mitgefühl – das Herz der Achtsamkeit –, damit es in der Praxis nicht in Vergessenheit gerät. Eine ausführliche Beschreibung dieser Prinzipien findet sich auch in meinem Buch *Der Weg der Achtsamkeit,* S. 45–65.
4 Gemeint ist damit ein absichtliches oder unabsichtliches geistiges Verlassen der Situation.
5 Basierend auf der mündlichen Empfehlung von Lama Gendün Rinpoche für Meditationsneulinge.
6 In Anlehnung an die Tabelle in *Gesund durch Meditation,* S. 587
7 Angelehnt an die Empfehlungen zur Yogapraxis in *Gesund durch Meditation,* S. 147–150
8 In Anlehnung an die Tabelle in *Gesund durch Meditation,* S. 587
9 Comic-Figur, die in der Steinzeit angesiedelt ist
10 Siehe U. Ott, B. Hölzel, »Meditationsforschung: Neuroanatomische Befunde« in Deutsche Zeitschrift f. Akupunktur 54, 3/2011
11 Siehe Ulrich Ott, *Meditation für Skeptiker,* S. 181
12 Siehe Rick Hanson, Richard Mendius, *Das Gehirn eines Buddha,* S. 106
13 Siehe Ulrich Ott, *Meditation für Skeptiker,* S. 178
14 http://www.aerztezeitung.de/medizin/krankheiten/herzkreislauf/herzrhythmusstoerungen/article/648479/neuer-ansatz-yoga-rezept-vorhofflimmern.html
15 Angelehnt an *Gesund durch Meditation,* S. 520–524
16 In Anlehnung an die Tabelle in *Gesund durch Meditation,* S. 588
17 Siehe auch Jon Kabat-Zinn, *Gesund durch Meditation,* S. 555 ff.